AF608341

BETTINA BLOHM

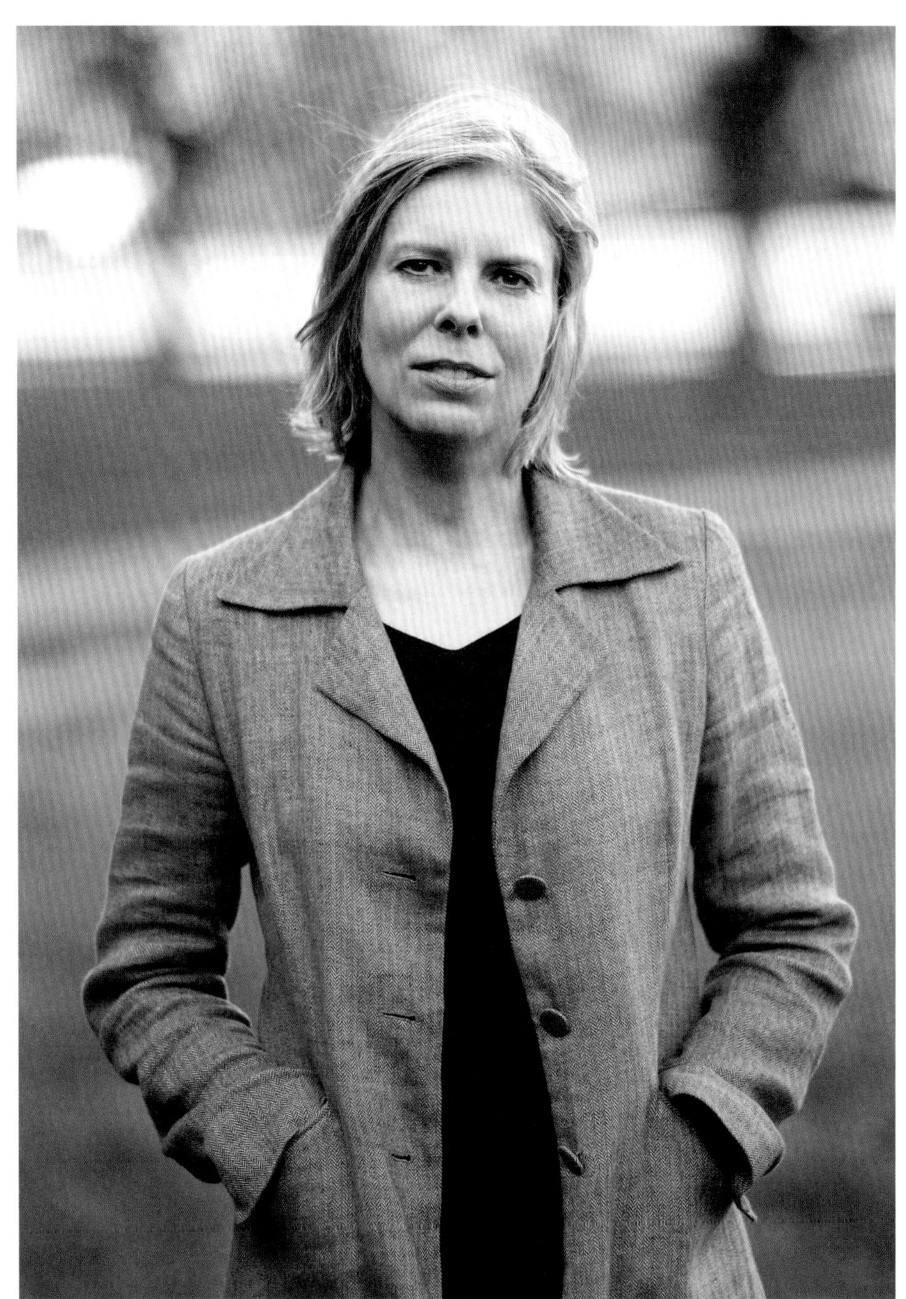

BETTINA BLOHM

MEMORY PALACE

Herausgeber / Editor Werner Klein

WIENAND

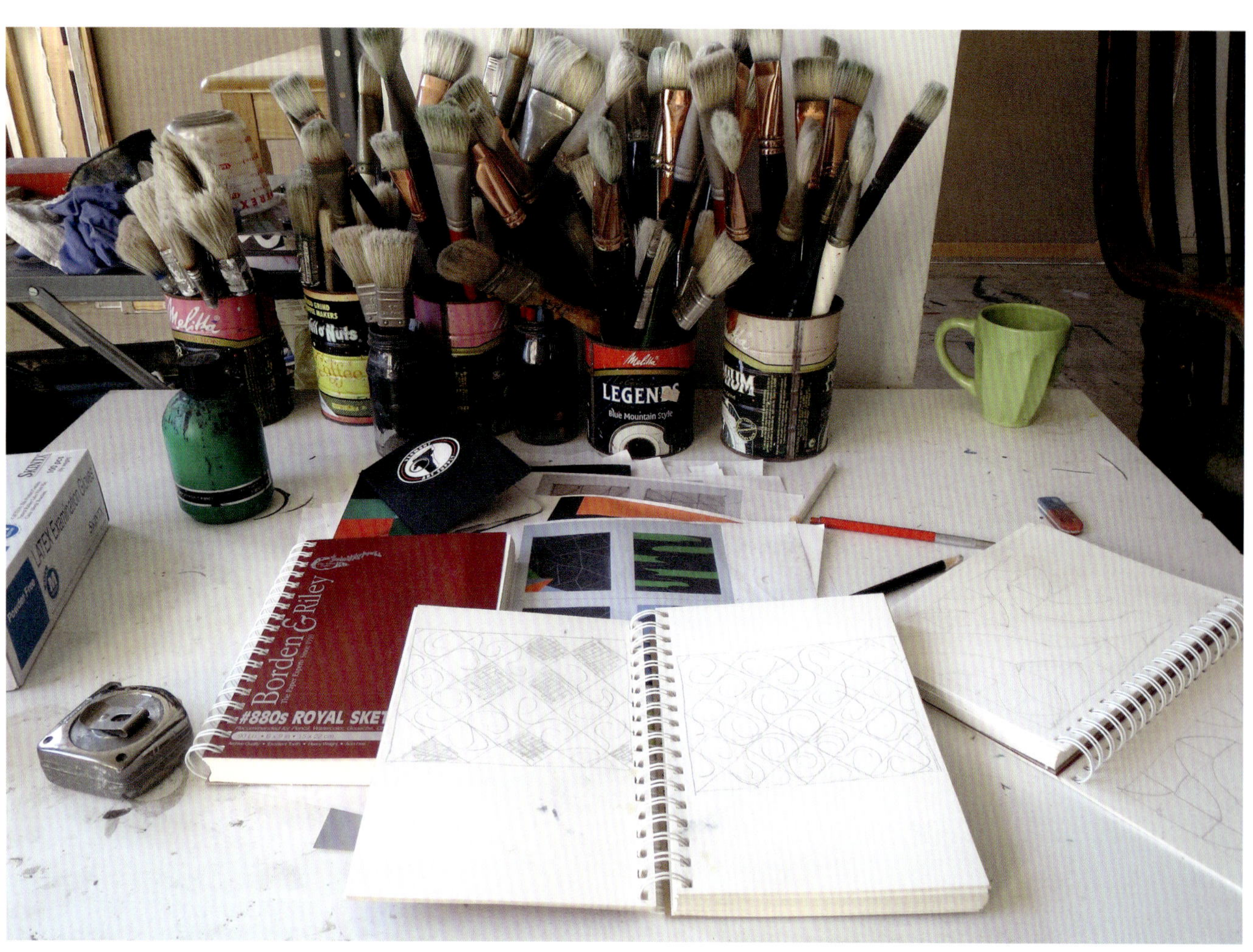
Melitta
Blue Mountain Style
Borden & Riley
#880s ROYAL SKET

Inhalt / Content

Lilly Wei

Malen hat eine lange Geschichte

Bettina Blohm ist keine Künstlerin, die in unterschiedlichen Gattungen arbeitet. Sie ist eine Malerin mit der Überzeugung, dass das Medium, dem sie sich verschrieben hat – zusammen mit Zeichnung und Graphik –, ergiebig genug, breit genug und anspruchsvoll genug ist, um ihre volle Aufmerksamkeit zu rechtfertigen. Es ist ein unbeirrtes, dreißigjähriges Engagement, das zunächst vielleicht merkwürdig schien, weil es unzeitgemäß war für eine Generation, die weitgehend aufgehört hatte zu malen. Aber es war nun mal die Malerei, die Blohm beschäftigte, insbesondere Werke der europäischen und amerikanischen Moderne, und so ist es bis heute. Blohm ist noch immer fasziniert von Konzepten der Moderne und ihrem Bildvokabular, entdeckt in ihnen neue Sinn- und Bedeutungsbahnen.

Nach dem Examen 1984 an der Akademie der Bildenden Künste in München kam Blohm nach New York, damals Mittelpunkt der Kunstwelt und Anziehungspunkt für junge Künstler, die von der ansteckenden Energie der Stadt angelockt wurden, einer Zuversicht und Offenheit, die noch jugendlich war – einige meinten auch, dreist oder vulgär –, anders als in Europa. Hier zu sein brachte die Distanz, die Blohm brauchte, um die Welt, aus der sie kam, besser zu sehen und zu verstehen, eine Welt, getragen von einer langen, komplexen Geistesgeschichte, die empfänglicher war für ästhetische Ambivalenz und „Grauzonen“. In New York (wo sie sich sofort wohlfühlte, später nahm sie auch die amerikanische Staatsbürgschaft an) lag der Fokus auf der Gegenwart, auf Unmittelbarkeit und Direktheit. Dieser existenziellen Dualität entspringen die großen Themen von Blohms Kunstproduktion, freigesetzt durch die Unterschiede zwischen den beiden Kulturen.

Zurzeit teilt sie ihre Zeit zwischen New York und Berlin auf. Frühjahr und Herbst werden in Berlin verbracht, wo sie zeichnet, während New York der Malerei gehört. Blohm ist außergewöhnlich sensibel für den Ort und den Atelierraum, in dem sie arbeitet, und diese Regelung hat die Entwicklung ihres Werks begünstigt. Blohm tariert Gegensätze aus – und das mit großer Finesse –, setzt Figuration gegen Abstraktes, Linie gegen Farbe, Fläche gegen räumliche Tiefe, Struktur gegen Gestus, mechanische Präzision gegen die Schwankungen der menschlichen Hand, Sparsamkeit gegen Schwelgerei, Formstrenge gegen Empfindung, Intimes gegen Immenses, das Gerade gegen das Elliptische etc., um Bilder von straffer Eleganz zu konstruieren, die verführerisch zwischen den Polen oszillieren, Möglichkeiten zurücksenden.

Blohm begann als Malerin von Landschaften – und als ausgezeichnete –, ging dann jedoch zu Inventionen über, die zwischen Darstellung und Abstraktion wechselten. In den vergangenen sechs oder sieben Jahren ist ihr Werk völlig ungegenständlich geworden, auch wenn noch eine Verbindung zur Welt, ihren Rhythmen und Empfindungen besteht, in eine abstrakte Syntax übersetzt. Die neuen Bilder, die sie mir zeigte, die meisten von 2015, aber auch ein paar ältere Werke, haben eine andere Anmutung, wirken „entspannter, weiter, wie die Größe des Landes“, sagte Blohm. Schaut man sich indes einige frühe, äußerst reizvolle Zeichnungen von Bäumen an, so ist deren formale Organisation den Strukturen der derzeitigen Produktion nicht unähnlich, eine Brücke, die die Welt der Natur aus Blohms Anfängen mit den heutigen Abstraktionen verbindet.

Blohm versteht mit Rot, Gelb und Blau quer durch alle Schattierungen umzugehen, erweitert durch andere Farben, die gut sichtbar oder auch nicht, mehr zu spüren als zu sehen sind. Alle in Öl auf Leinwand gemalt und in großen Formaten, erregen manche Gemälde sofortige Aufmerksamkeit, wie das unwiderstehliche *Red like Radiance,* 2015 (Seite 11). Vier graugrüne Keilformen beherrschen den Vordergrund. Die schematischen Dreiecke mit zwei geraden Seiten schwellen an der dritten Seite zu einem Bogen an, der Organisches, Materielles suggeriert und in dieser Werkgruppe häufig vorkommt, eine Form, die Blohm als vielseitig und anpassungsfähig empfindet. Gewissermaßen als Gitter – allerdings ein offenes – fungierend, fängt sie den Blick zuerst ein und führt ihn dann in den Bildraum, wo ähnliche, kleinere Formen in leuchtendem Rot, Verwandte der Cut-outs von Matisse, zu einer Art unregelmäßigem Grid choreographiert sind, der Hintergrund ist dunkelblutrot, was einen anregenden Rot-auf-Rot-Kontrast ergibt. Das wahrnehmungstechnisch Faszinierende ist, dass das Auge die beiden gegenläufigen Systeme – vielleicht sogar die drei, wenn man den Hintergrund mitdenkt – gleichzeitig im Blick behalten kann, anders als beim berühmten Hase/Ente-Kippbild, das nur entweder als Hase oder als Ente, nicht als beides zugleich wahrgenommen werden kann. Vordergrund, Mittelgrund und Hintergrund pulsieren gegeneinander (Blohm sagt, sie baut das Gemälde insgesamt auf), das Push and Pull à la Hans Hofmann erzeugt eine synkopierte Bewegung, die die Bildfläche belebt.

Oder nehmen wir das goldene, malerische *Easter Parade,* 2015 (Seite 13). Wie der Titel, der sich auf einen liebgewordenen Frühjahrsritus bezieht, hat es etwas Optimistisches, Festliches. Die kleinen, vertikalen Einheiten, die von sonnenhell bis senfgelb reichen, hier und da von kühleren blassen Tönen durchbrochen, lassen an eine uneinheitliche, urbane Fassade denken, die unterschiedlich großen Rechtecke schaffen auch hier eine grundlegende Dissonanz, die das Feld noch stärker belebt. Die Einheiten sind nebeneinander gesetzt, und wo sie aneinanderstoßen, bildet sich keine harte, glatte Linie, sondern eine impressionistische „Kante“, das Schema ist deutlich, aber nicht starr, nicht definiert. Blohms charakteristische Keilformen, hier in Rot und Blau, sind quer über die horizontalen Register in intuitiv kadenzierten Abständen platziert und erinnern an Mondrians *Boogie-Woogie*-Bilder, an Werke von Paul Klee, Mary Heilman und anderen, absorbiert und transformiert.

In *The Unanswered Question,* 2015 (Seite 15) ist der Vordergrund von denselben Formen überzogen, doch sie bilden ein diskontinuierliches, asymmetrisches Raster, das sich in gebrochen weißen Linien über die gesamte Bildfläche erstreckt. In umgekehrter Reihenfolge ist das Quartett offener Keilformen jetzt dahinter, im Mittelgrund platziert. Allerdings in so dunkler Farbe, dass es vor einem indigoblauen, in ähnlichem Ton gehaltenen Feld schwer zu sehen ist, die Modulationen sind kaum wahrnehmbar, strapazieren das Auge, fordern zu erhöhter Anstrengung auf. Himmelslandschaften und das All evozierend, wo das Cartesische auf das Erhabene trifft, ist Indigo eine Farbe, mit der Blohm seit Jahren arbeitet, fasziniert von der „durchlässigen Luftigkeit“ beim Übergang von Dunkel nach Hell und dem Effekt von farbigem Glas, wenn Indigo „mehr Licht als Materie“ wird.

The Background is the Memory of the Foreground, 2015 (Seite 17) ist ein weiteres Schlüsselwerk. Die Permutationen der Keilform erstrahlen in einer Reihe von Pastelltönen, die die Fragilität eines Aquarells, eines Klee haben. Die Stimmung ist gedämpfter, die Farbgebung ein zartes Moll. Der Hintergrund dagegen fügt Üppigkeit, Komplexität, Tiefe hinzu. Man könnte ihn grau nennen, aber das hieße, die eingebauten Nuancen zu ignorieren, aufgegriffen und eingefangen von den Farbinseln, die auf seiner Oberfläche treiben. (Die Künstlerin nennt diese Farbe „Schlamm", weil es ein erdiger Ton ist, ein undefinierbarer, nuancierter Ton, eine Mischung aus Rot, Gelb und Blau.) Leicht verschoben, laviert das Gemälde vor und zurück zwischen Linie und Farbe, Bildfläche und Bildraum; die sorgfältig komponierte Pinselführung trägt das Ihre dazu bei, sie komplementiert den Bildgegenstand, gerahmt von einem Hintergrund, der genauso wichtig ist, eines vom anderen nicht trennbar.

Memory Palace, 2015 (Seite 19) unterscheidet sich insofern von den oben besprochenen Bildern, als es aus einem ziemlich klaren Raster besteht; an manchen Stellen ist dieses Raster allerdings leicht verrutscht, einige Linien sind ungleichmäßig, unterbrochen, um uns daran zu erinnern – so wir einer Erinnerung bedürfen – dass es von Hand gemalt ist. Die Einheiten – fünf hoch, sechs quer – sind in unterschiedlichen Blautönen gemalt, das schwache Licht suggeriert Dämmerung und eine grüblerische Stimmung. In jeder Einheit befindet sich eine ovoide, leicht variierende Form, erzeugt in einer einzigen, durchgehenden Bewegung und mit der Spitze an der oberen rechten Ecke befestigt. Es sind dreißig Ovoide in Blautönen, die sich vom jeweiligen Blauton der Umgebung absetzen. Dünn umrandet von schwachen, kreideweißen Linien, sind die Schattierungen schwer fassbar, entziehen sich dem steten Blick auf einer Bildfläche, die ruhig und unwiderstehlich wogt, in „atonaler", fast hörbarer Steigerung. Als Kombination aus Formalem und Organischem lassen sich die Ovale auch als Andeutung eines Gesichts, einer Träne, eines Luftballons lesen, das Ganze gleicht einem abgerissenen Kalenderblatt, jedes Oval eine Art Eintrag im Tagebuch der Zeit.

Thema dieser immer sicherer, immer dichter werdenden Gemälde ist die Malerei selbst. Und dies ist wiederum eine Hommage an den schöpferischen Akt, das höchste Geschenk der Menschheit an sich selbst: die Vergänglichkeit des Daseins in etwas für den Moment zu übersetzen, das weniger zufällig, weniger bedingt ist. Malen hat eine lange Geschichte, sagte sie.

Lilly Wei ist freie Kuratorin und Kritikerin in New York.

Red like Radiance 2015

Öl auf Leinwand, 172,7 × 213,4 cm / Oil on linen, 68 × 84"

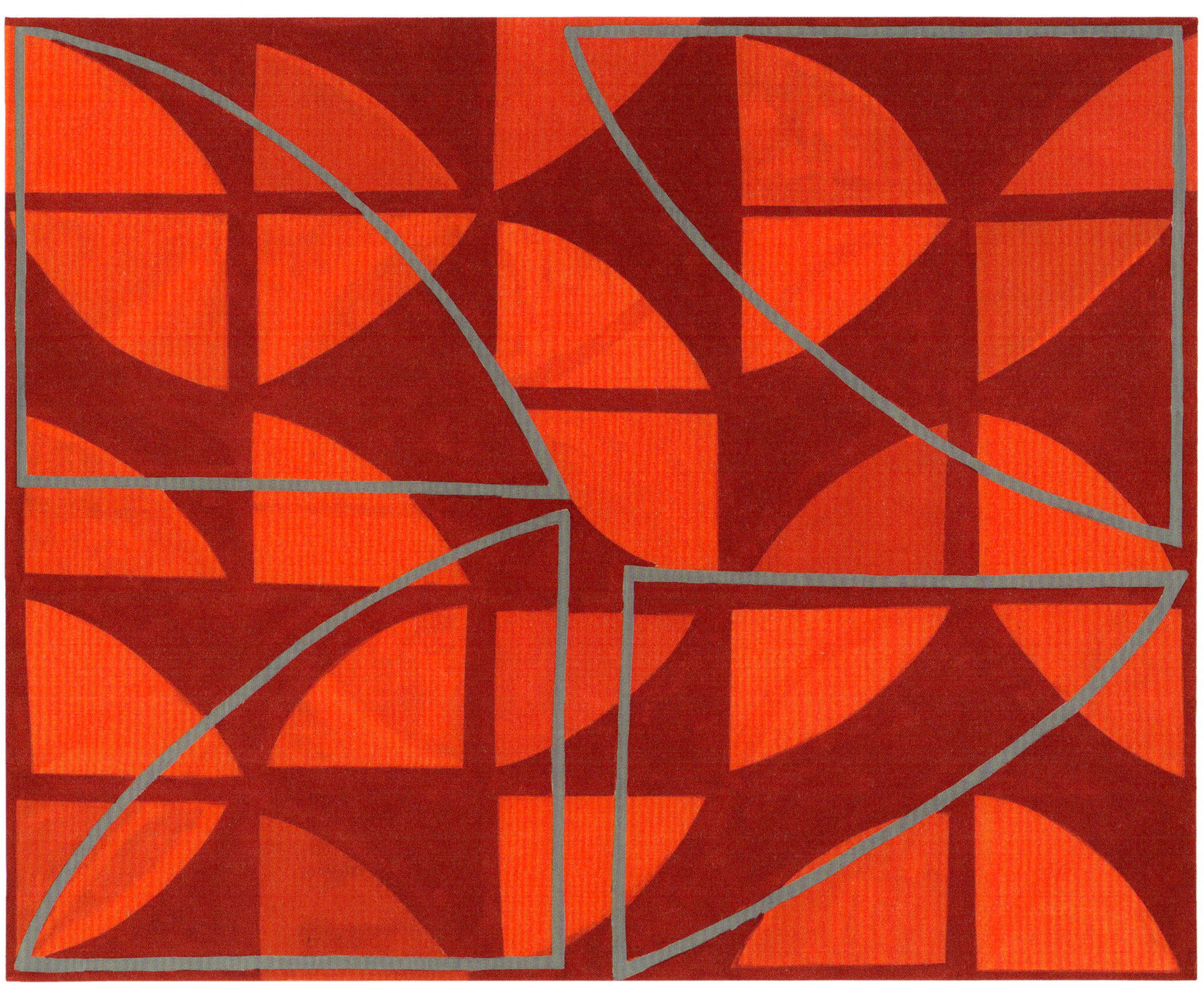

Easter Parade 2015
Öl auf Leinwand, 172,7 × 213,4 cm / Oil on linen, 68 × 84"

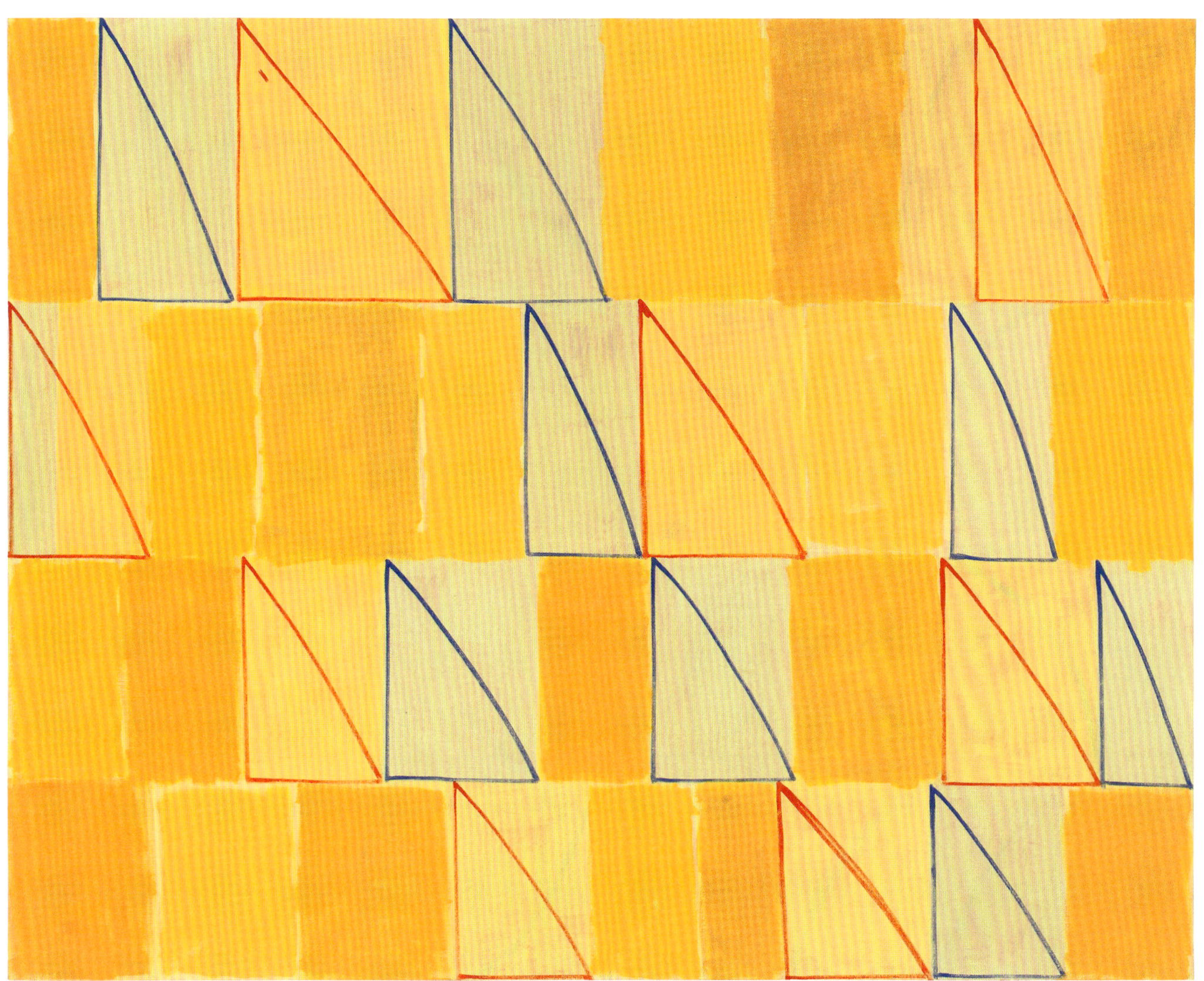

The Unanswered Question 2015
Öl auf Leinwand, 172,7 × 213,4 cm / Oil on linen, 68 × 84"

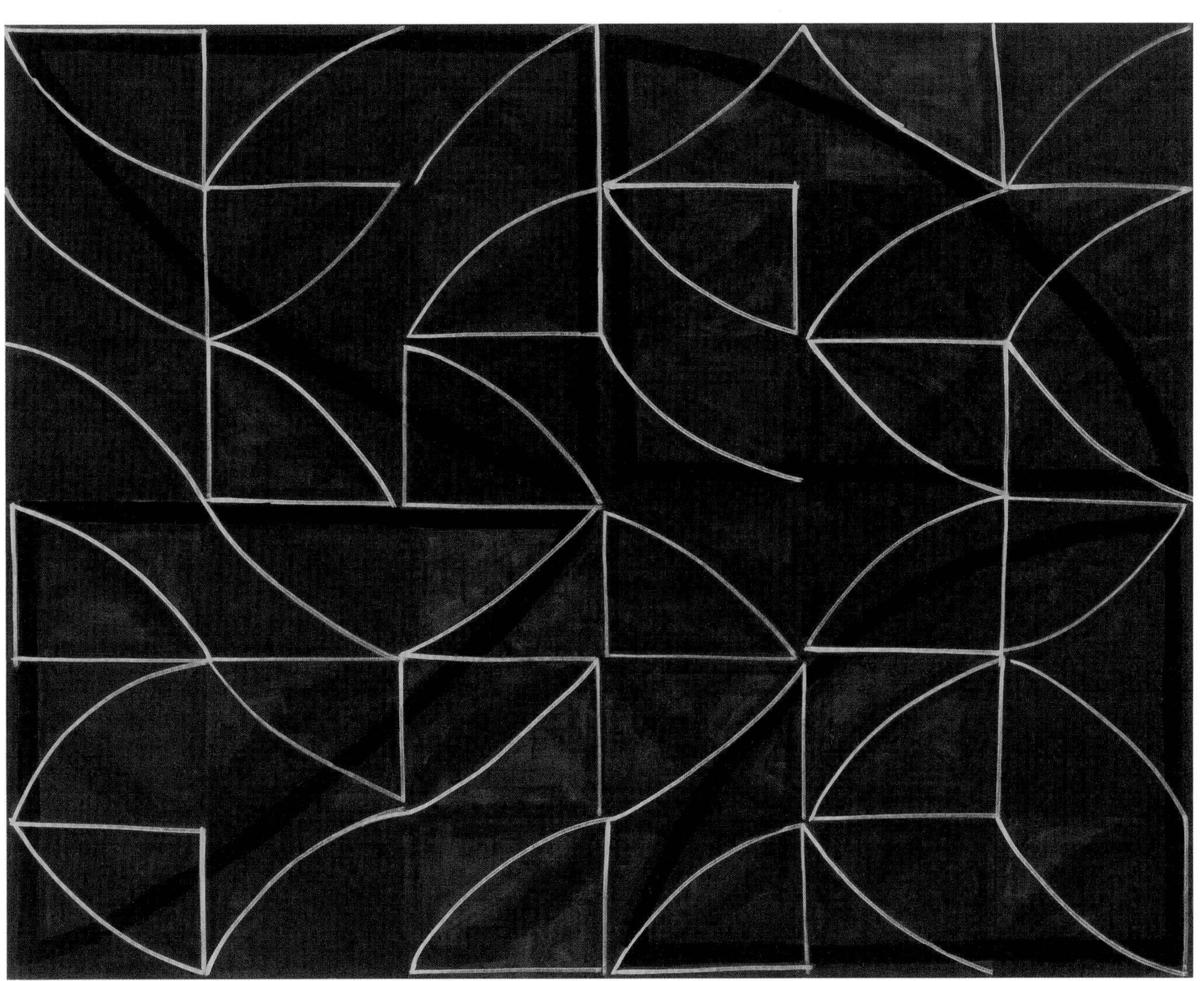

The Background ist the Memory of the Foreground 2015
Öl auf Leinwand, 172,7 × 213,4 cm / Oil on linen, 68 × 84"

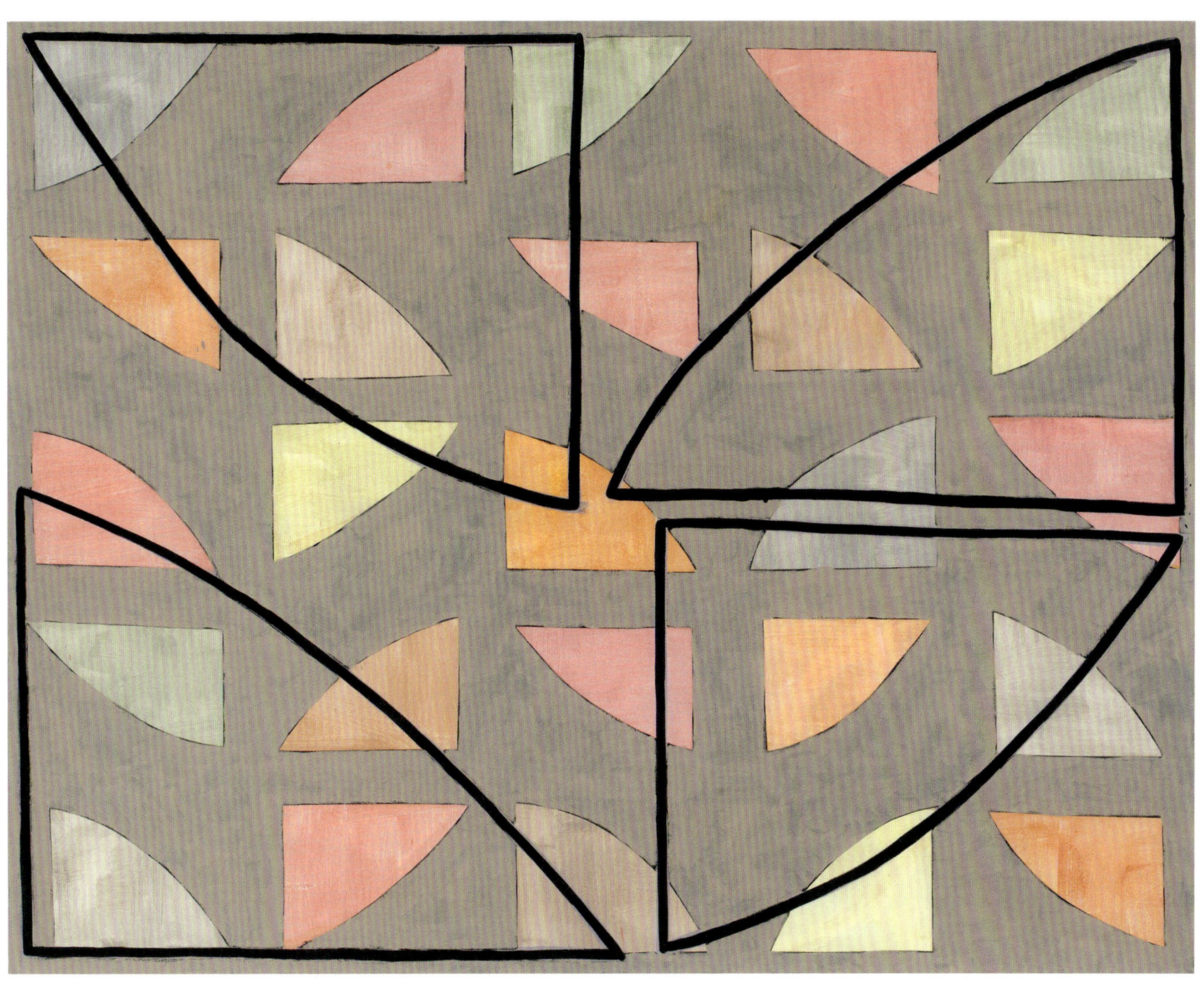

Memory Palace 2014
Öl auf Leinwand, 172,7 × 213,4 cm / Oil on linen, 68 × 84"

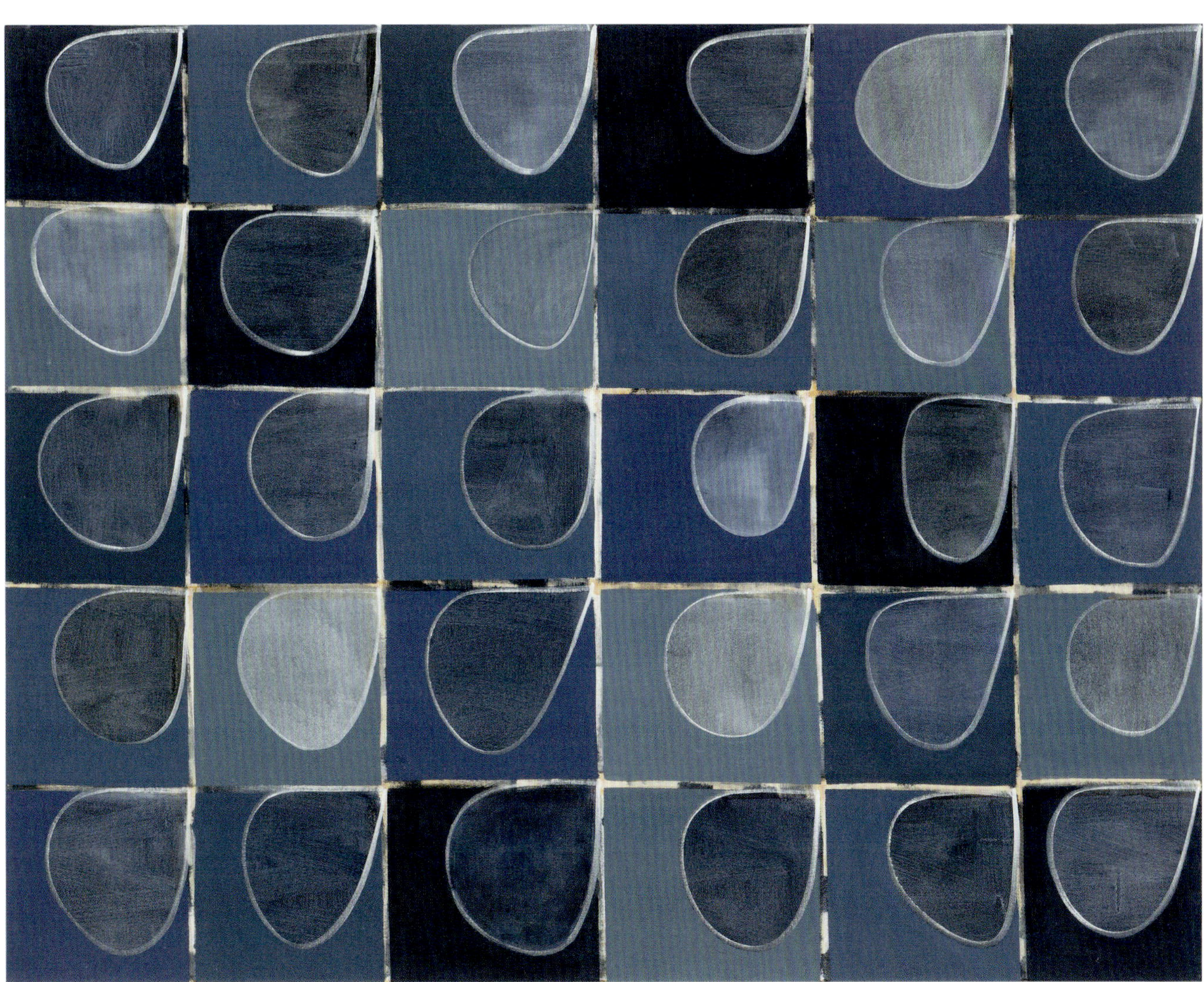

Lilly Wei

Paint, She Said

Bettina Blohm is not a multidisciplinary artist. She is a painter who believes that the medium she cherishes—accompanied by drawing and printmaking—remains rich enough, expansive enough, and challenging enough to warrant her dedication. It has been an unwavering, three-decade commitment that might have seemed curious at first, out of synch with a generation that had largely stopped painting. Painting, however, was what engaged Blohm, in particular works of European and American modernism, and it continues to do so. She remains intrigued by modernist concepts and its pictorial lexicon, discovering fresh veins of relevance and meaning in them.

Upon graduating in 1984 from the Academy of Fine Arts in Munich, Blohm came to New York, then the center of the art world and a magnet for young artists, lured by its contagious energy and a confidence and candor that was still youthful—some said brash or vulgar—unlike that of Europe. Being here provided the distance she needed to better see and appreciate the world she had left, one underpinned by attitudes and philosophies that were more receptive to aesthetic ambiguities and "grey zones," by a long and complex history. In New York (which she embraced enthusiastically, later becoming a US citizen), the emphasis was on the present tense, on immediacy and directness. It is from this duality at the core of her being that the major themes of her artmaking emanates, precipitated by the differences between the two cultures.

These days, she divides her time between New York and Berlin. Spring and fall are spent in the latter where she draws while the former is reserved for painting. Extraordinarily sensitive to location and the studio space she works in, it is a regimen that has benefitted the evolution of her work. Balancing oppositions—which she does with great finesse—she plays figuration against the abstract, line against color, flatness against depth, structure against gesture, mechanical precision against the slippages of the human hand, the spare against sumptuousness, formality against feeling, intimacy against immensity, the straightforward against the elliptical, and so on, to construct tautly elegant works that shift tantalizingly between them, reverberating with possibilities.

She started out as a painter of landscapes—and a fine one—but then moved on to creations that alternated between representation and abstraction. In the last six or seven years, the work has become wholly non-objective although it is still connected to the world, its rhythms and sensations translated into an abstract syntax. The new paintings she showed me, most from 2015 with a few earlier works, have a different feel, more "relaxed, expansive, like the largeness of the country," she said. Yet in looking at some early, very lovely drawings of trees, their underlying formal organization is not dissimilar to the structures of her current production, a bridge that links the natural world of her beginnings to the current abstractions.

Blohm has a way with red, yellow and blue across a spectrum of tonalities, enriched by other hues that may or may not be readily visible, more sensed than seen. All oil painted on linen and of ample dimensions, some attract instant attention, such as the irresistible *Red like Radiance,* 2015 (page 11). Four grey-green wedges dominate the foreground. These schematic straight-line triangles swell into a curve on one side that suggests the organic, the corporeal, and frequently appear in this body of work, a shape she finds to be generous and adaptable. Acting as a screen of sorts, albeit an open one, it first arrests the gaze then leads it into the pictorial space where smaller, similar bright red shapes, relatives of Matisse's cut-outs, are choreographed into an irregular semblance of a grid, the ground a deep sanguine red, the red-on-red contrast bracing. What's perceptually intriguing is the way the eye can almost hold these two opposing systems—maybe three if the ground is considered—in its gaze at once, unlike the famous rabbit/duck dichotomy in which the image can only be parsed as a rabbit or a duck, not both simultaneously. As foreground, middle ground and background vibrate against each other (Blohm says she builds up the painting altogether), the push and pull, echoing Hans Hofmann, creates a syncopated movement that animates the surface.

Or take the golden, painterly *Easter Parade,* 2015 (page 13). Like its title that refers to a beloved rite of spring, it is upbeat, festive. Comprised of small vertical yellow units that range from sun-struck to mustard, broken up by cooler pale hues here and there, they suggest a non-uniform urban façade, the rectangles of different measurements creating, once again, an essential dissonance that further enlivens the field. The forms are set next to each other and where they meet, an impressionistic "edge" is formed rather than a hard and fast line, the grid apparent but not fixed, not defined. And Blohm's characteristic wedges, here etched in red and blue, are placed across the horizontal registers at intuitively cadenced intervals, echoing Mondrian's *Boogie-Woogie* paintings as well as works by Paul Klee and Mary Heilmann, among others, absorbed and transformed.

In *The Unanswered Question,* 2015 (page 15), the foreground is occupied by the same shapes but turned into a discontinuous, asymmetric grid that stretches across the surface from edge to edge, sketched in off-white. Reversing the order, the quartet of open wedge shapes is now placed behind, in the middle ground. But it is so darkly colored that it is difficult to see against an indigo field, the hues of which are close in tone, its modulations almost imperceptible, taxing the eye, challenging it to work harder. Summoning up skyscapes and the cosmos in which the Cartesian confronts the sublime, indigo is a color that Blohm has worked with for years, enamoured of its "translucent airiness" as it moves from dark to light, of its stained glass effect when it becomes "more light than matter."

The Background is the Memory of the Foreground, 2015 (page 17) is another standout. Its permutations of the wedge shape bloom in an array of pastel pigments that have the fragility of watercolor, of a Klee. The mood is more muted, its minor key coloration delicate. The ground, however, adds lushness, complexity, depth. It might be called grey but that would not acknowledge all the shades that went into it, picked up and encapsulated by the pockets of color floated on its surface. (The artist calls the hue "mud" because it is earthy, an indescribable nuanced shade that's a mix of red, yellow and blue.) Subtly inflected, the painting tacks back and forth between line and color, surface and space, the carefully composed brushwork offering its own rewards, complementing the images, framed by a ground that has equal billing with it, one inseparable from the other.

Memory Palace, 2015 (page 19) differs from the works discussed above in that it is a fairly straightforward grid, although somewhat misaligned in places, with tremulous, disrupted edges, to remind us, if we needed reminding, that it is made by hand. Its units—five up, six across—are painted different shades of blue, the low light suggesting dusk and an ambience of pensiveness. Within each of them is an ovoid shape, varying slightly in look, made from a single, swift gesture, its point attached to the upper right corner. There are 30 of them, in blues that contrast with the blues that surround them. Thinly outlined in a chalky, dimmed white, the hues are elusive, impossible to hold steadily in the eye, the surface quietly, compellingly undulant, its progressions "atonal," almost heard. A combination of the formal and the organic, the ovals could also read as a semblance of a face, a teardrop, a balloon, the whole like a page torn from a calendar, each oval a diary entry of sorts, inscribed upon time.

What these increasingly assured, increasingly dense works are ultimately about is painting itself. But that in turn is a tribute to the act of making, humanity's supreme gift to itself, translating the ephemerality of existence into something for the moment that is less contingent, less conditional. Painting has a long history, she said.

Lilly Wei is a New York-based independent curator and critic.

Domino 2015
Öl auf Leinwand, 172,7 × 213,4 cm / Oil on linen, 68 × 84"

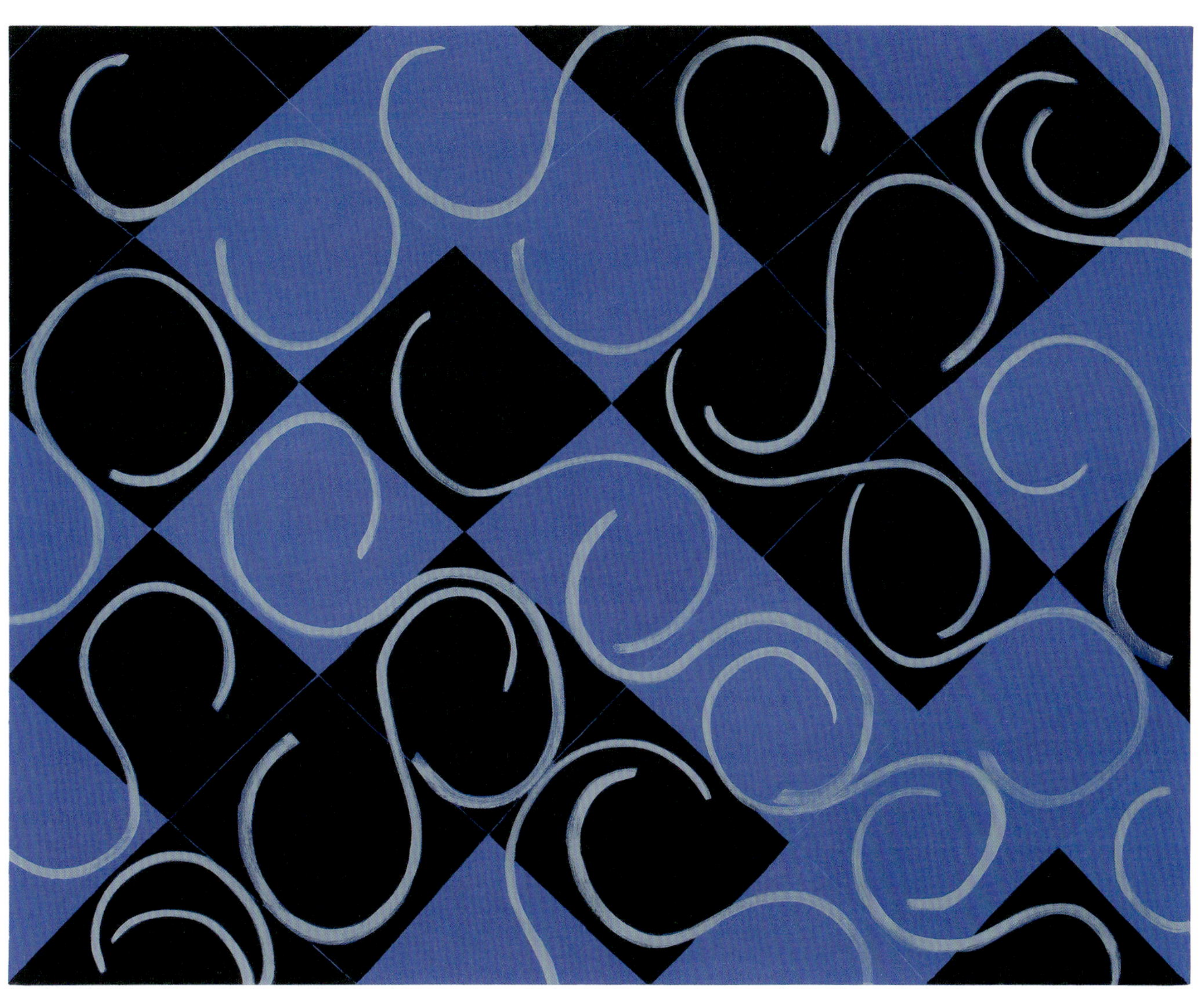

Souvenirs 2015
Öl auf Leinwand, 101,5 × 101,5 cm / Oil on linen, 40 × 40"

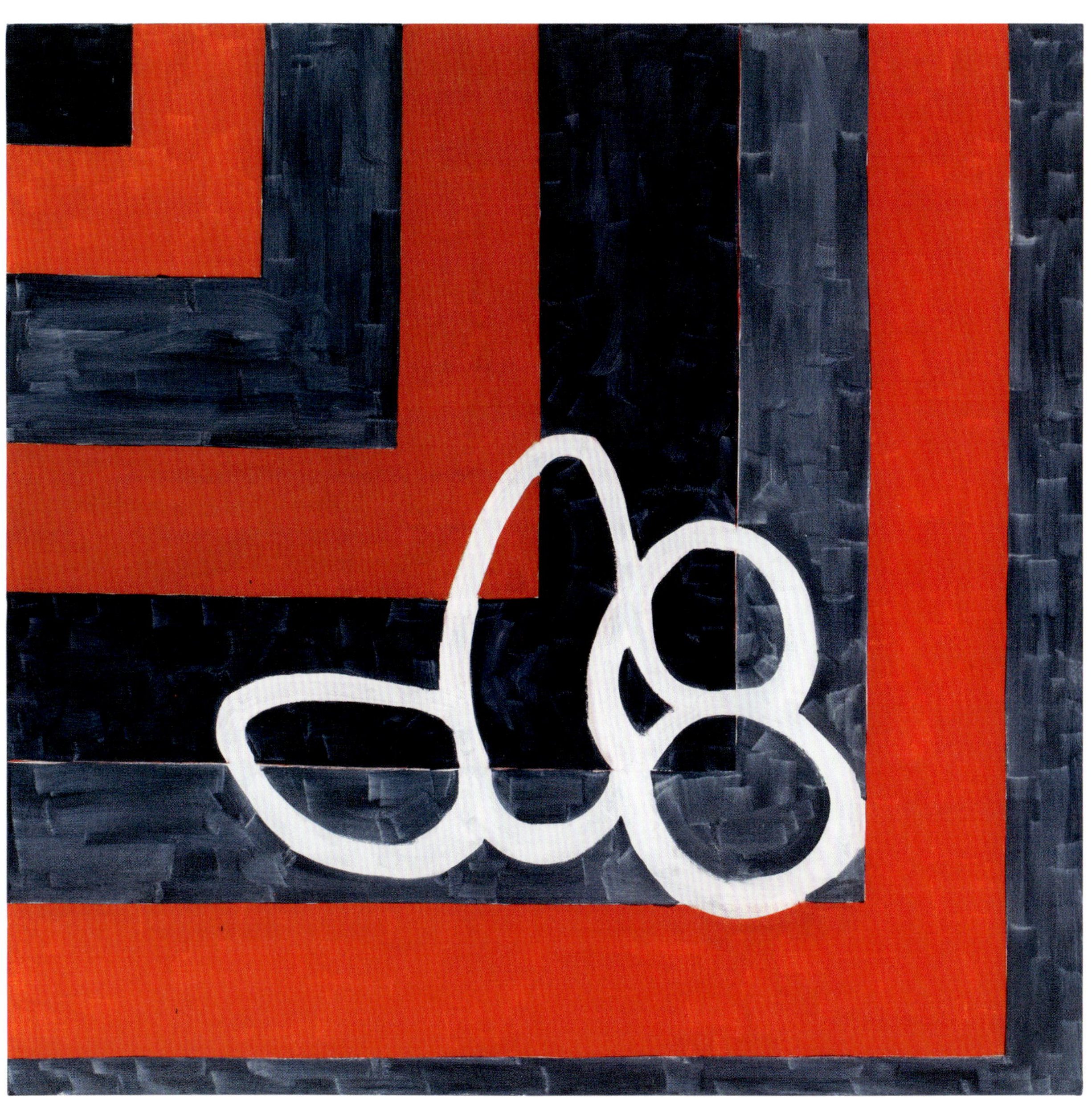

Souvenirs 2015
Öl auf Leinwand, 101,5 × 101,5 cm / Oil on linen, 40 × 40"

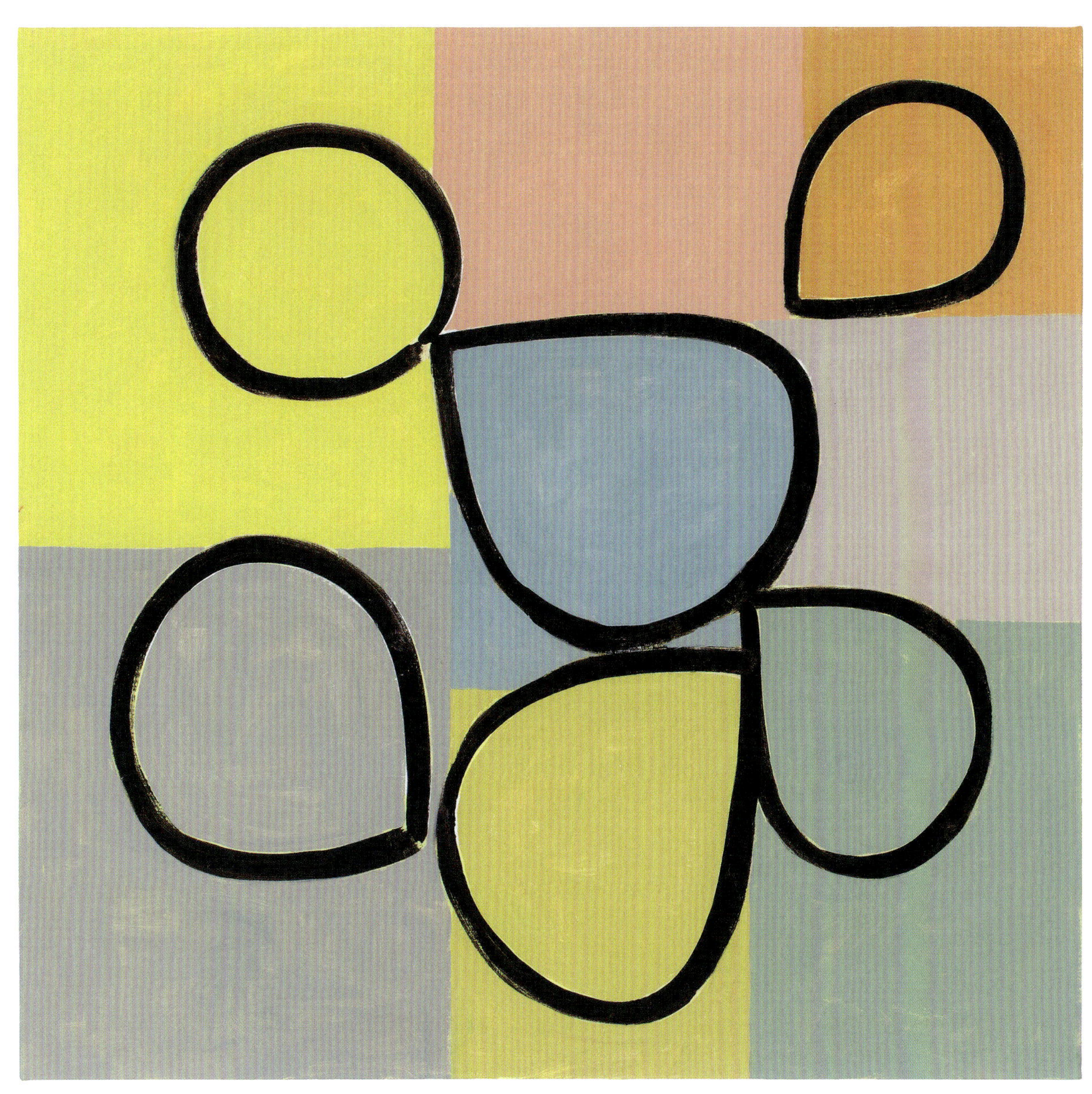

Storyboard 2014
Öl auf Leinwand, 172,7 × 213,4 cm / Oil on linen, 68 × 84"

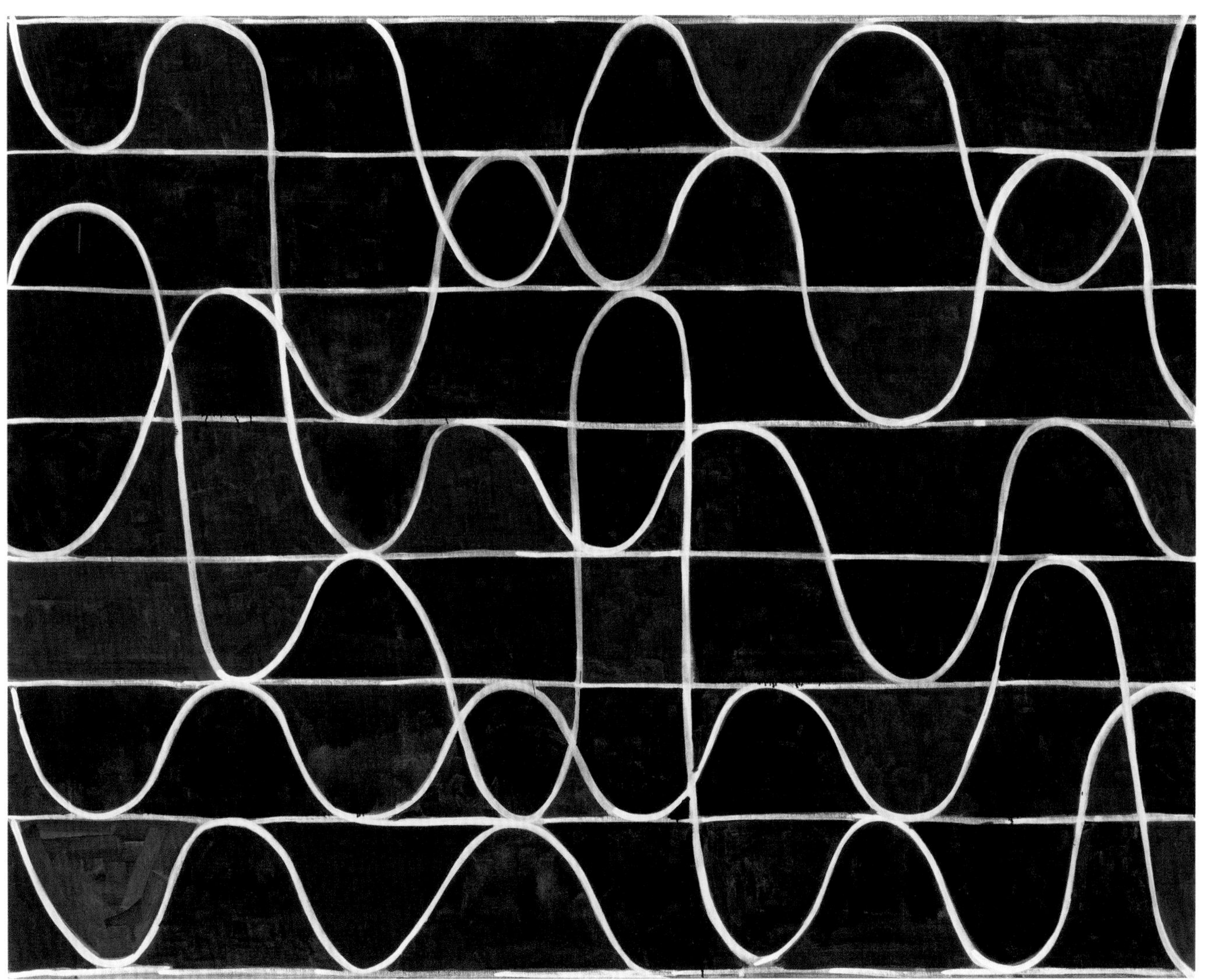

Great Escape 2014

Öl auf Leinwand, 172,7 × 213,4 cm / Oil on linen, 68 × 84"

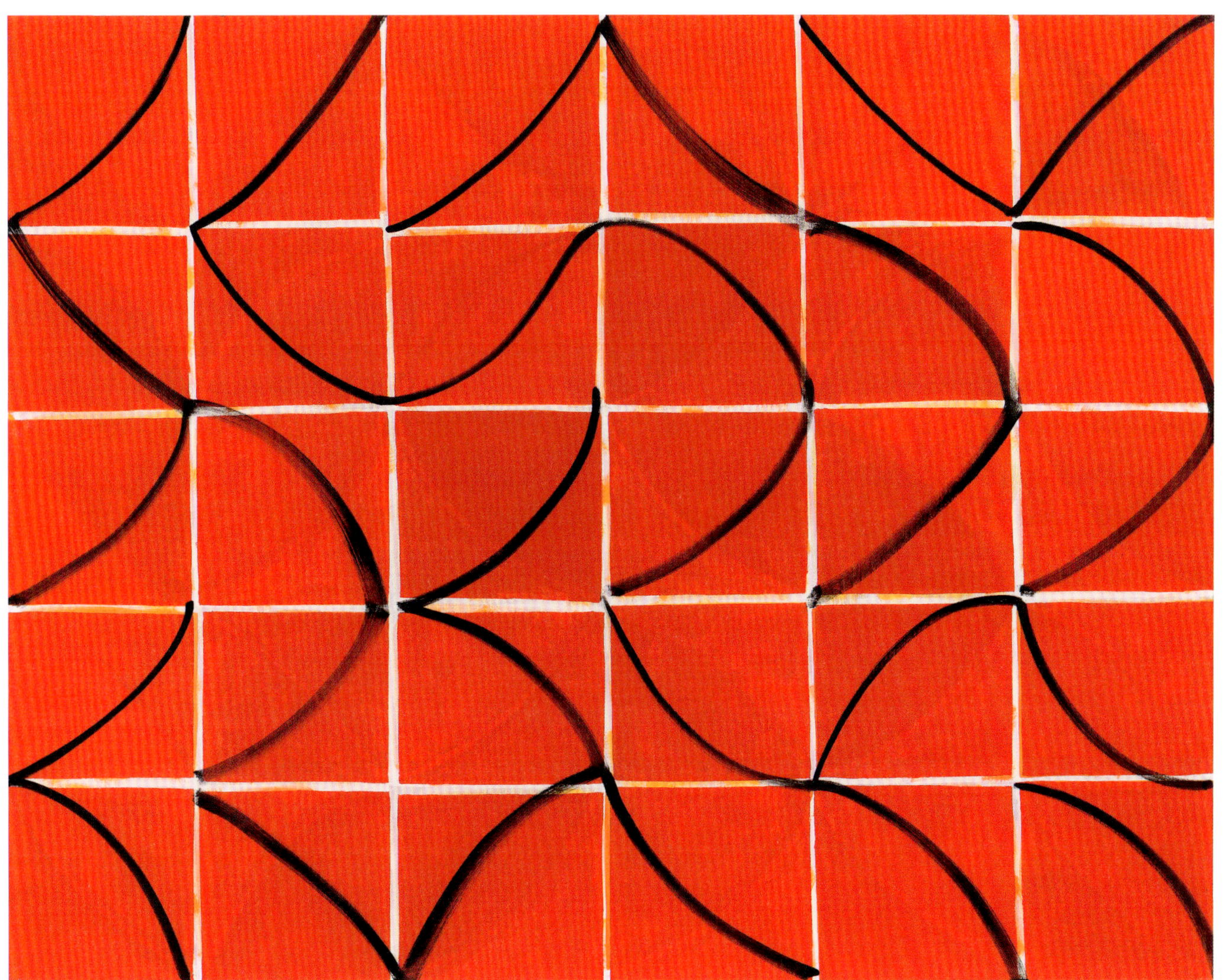

Procrustian Physics 2014
Öl auf Leinwand, 172,7 × 213,4 cm / Oil on linen, 68 × 84"

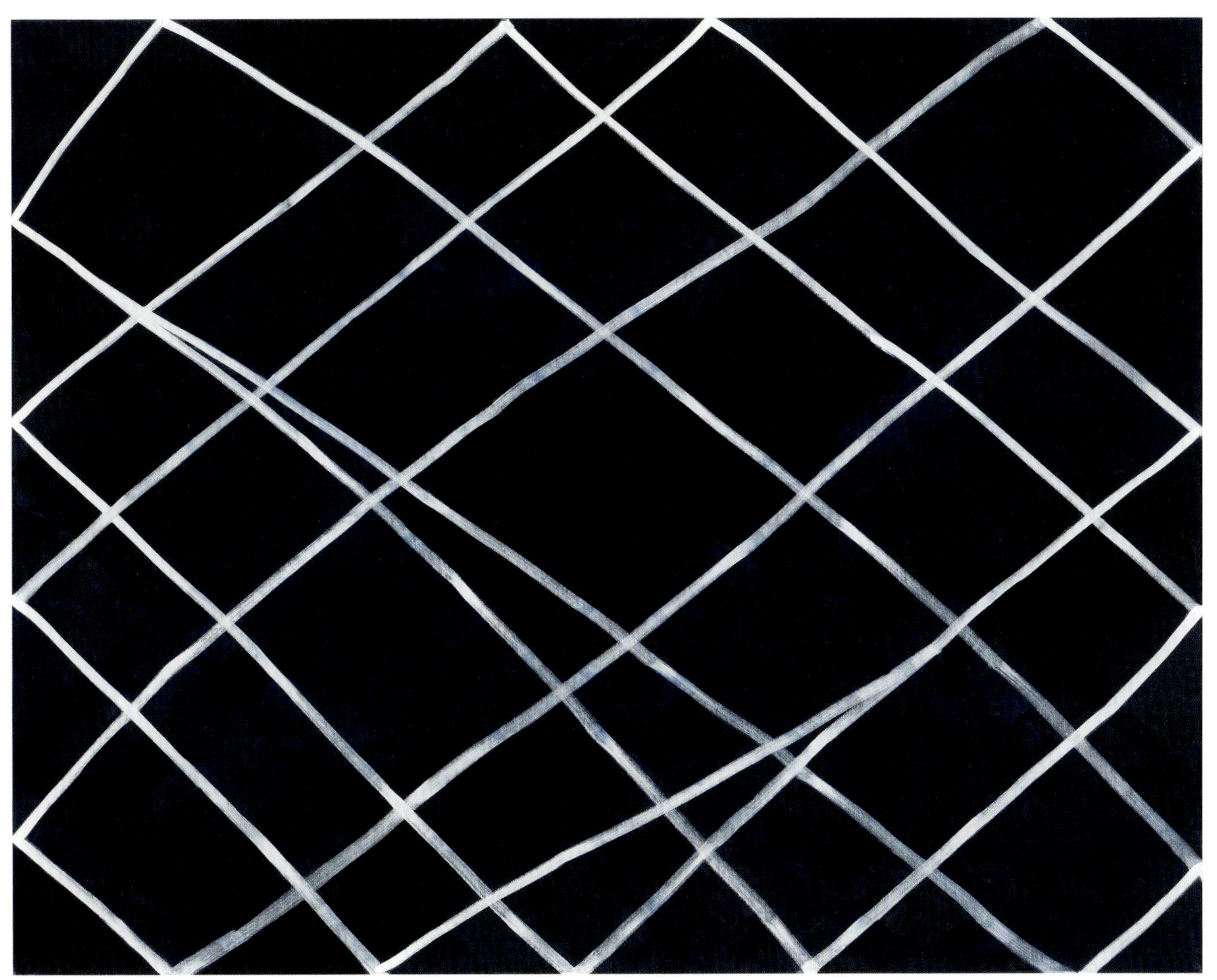

Sabine Bergk

The Unanswered Question

Diesseitig bin ich gar nicht fassbar
Paul Klee

Die Malerei ist ein tiefer Brunnen. Zuviel Lichtlärm und Marktgedränge stören ihre empfindliche Stille. Sie ist eine stumme Kunst, die sich selbst schwächt, wenn sie allzu beredt wird. Dem aggressiven Marktgeschehen steht sie entgegen – wie eine Pflanze, der kaum Zeit für Wachstum zusteht. Dabei vermag es gerade die Malerei, Zeiten zu überdauern, ruhigere Bögen zu finden, paradoxe Metaphern, die haltbar sind.

Bettina Blohm sitzt stundenlang unter offenem Himmel und beobachtet das Licht. Landschaften wie Catskills in den Appalachen und das atlantiknahe Cape Cod zählen zu den Fixpunkten ihres Schaffens. Linie findet Raum, wird wieder Linie, vorsichtig forschend, zart, kraftvoll und voller Neugier.

Bettinas Arbeiten strahlen eine Ruhe aus, die japanisch gesehen werden kann: Leere und Phänomen, Teilchen und Linie bewegen sich in unentwegter Emergenz. In dieser Liniensprache scheint es möglich zu sein, einmal über den Ozean zu fliegen und gleichzeitig den Schatten eines Grashalms einzufangen.

Abgerungene Ausgewogenheit prägt Bettinas Formensprache und nähert sie dem von den Japanern hoch verehrten Paul Klee langsam tastend an.

Klee erforschte die Fassbarkeit des Unfassbaren, indem er Linien ins Sichtbare rief und farbharmonisch ausbalancierte. Ein Hochseilakt, als gälte es, sich selbst und dem instabilen Kosmos eine lebensnotwendig harmonische Struktur zu sichern. „Yasashiite, hingayoute, yumegaaru“ – „elegant, würdig und voll von Träumen“, sagen die schattenliebenden Japaner. In der japanischen Kultur werden geliebte Dinge shintoistisch feinstofflich „bewohnt“.

Wie viele Häuser-Verstecke bringt doch ein Maler vom Format eines Klee in einer einzigen Linie unter! rief der Dichter Makoto Ooka aus.
Wie schön wäre es, sich täglich in ein Bild zu begeben und im Schatten einer Linie Tee zu trinken.

Auf die freie Zeichnung in der Natur lässt Bettina Blohm regelmäßig das Gegenteil folgen: großformatig abstrakte Malerei. Hier trifft eine feinstofflich zeichnerisch-insulare Seite auf eine kontinental verankerte New Yorkerin.

Bettina Blohms Liniengitter sind mit Kraft gestemmt, Gebäuden gleich, die ihren Test auf Erdbebensicherheit bestanden haben. Dennoch bleiben sie unsicher, offen. Die Natur scheint ununterbrochen durch sie hindurchzufließen, wie durch ein Fangnetz, das nichts fassen kann. Verschwiegenes dringt aus den Farbflächen hervor, sanft und brennend, zugleich von großer Ruhe bewohnt. Und hier ist es wieder: das „Wohnen“.

Bettinas Arbeit lebt von architektonischen Eindrücken in der Natur. Gerade im Pflanzlichen findet sie Archetypen, grundlegende Gesetze der Stabilität und Bewegung. Spektren, die sich schattig versteckt halten, werden zu Strömen, die singen, erzählen. Linien finden mathematisch verschobenen Halt, senken, fächern sich in Flächen auf, werfen Netze aus, um nach tieferen Farbquellen zu fischen.

Der Architekt Toyo Ito schrieb zu Klees „Fische im Wildbach“:
Die Fische untereinander und die Fische und das Wasser zueinander verwickeln sich wie aufgelöste Fäden und verwirren sich ineinander. […] Fisch und die ihn umgebende Flüssigkeit werden eins und der Fisch formt die Spuren der Wasserbewegung, wie es umgekehrt

scheint, dass der Fisch als Individuum geformt wird, in dem sich die Wasserbewegung manifestiert.

Diese Wechselseitigkeit gleicht einem musikalischen Wellenspiel, einem spielerischen Fischen nach Licht, in Farbschichten und Linien verquickt. Dass Malerei wie ein tiefes Wasser wirken kann, das über Zeiten unerschöpflich quillt – nähert sie der Musik an. Der Umgang mit Farbe, das Tiefenfischen innerer Bilder, vermag beide Künste auf einer dahinter liegenden Ebene zu verbinden.

Charles Ives hat in seiner visionären Komposition „The Unanswered Question“ einen Übergang der Musik zur abstrakten Malerei gefunden: Während im Vordergrund eine Holzbläsergruppe um existenzielle Fragen ringt, bleibt der Hintergrund farblich zutiefst ausgeglichen. Alles ist gut, war immer gut und wir wissen es auch, sagt Ives. Das Spiel um vergebliche Stabilität ist stabil, wenn es vergeblich bleibt. Als Betrachter wird man Teil dieses Spiels, das mit dem offenen Blick auf Cape Cod beginnt.

Sabine Bergk ist Schriftstellerin in Berlin.

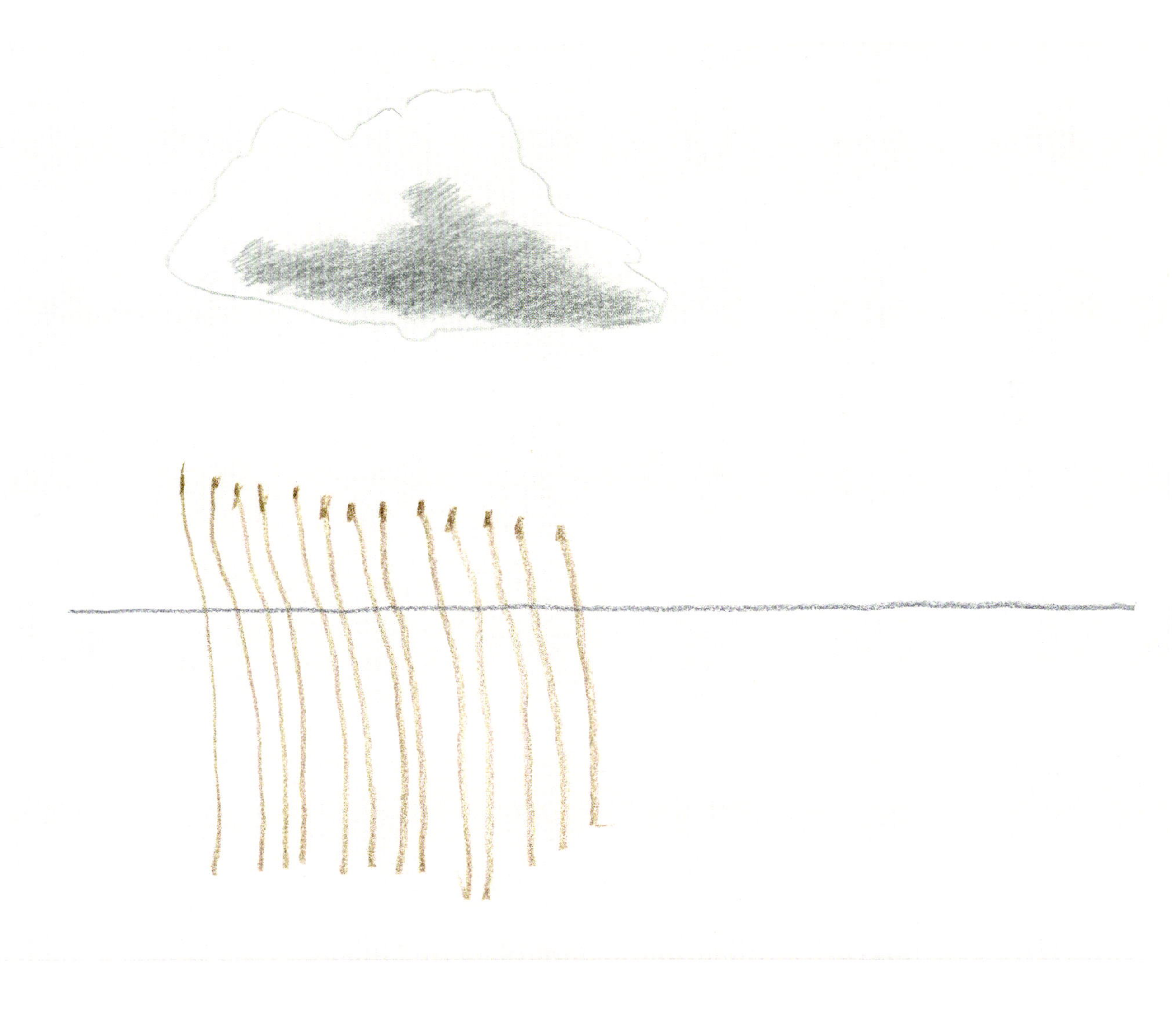

Untitled (Catskills) 1997

Farbstift, Conté crayon auf Papier, 17,8 × 22,9 cm / Colored pencil, Conté crayon on paper, 7 × 9"

Sammlung Kunsthalle Bremen

< *Seite 39 / page 39:*

Untitled (Darß) 2015

Farbstift auf Papier, 17,8 × 22,9 cm / Colored pencil on paper, 7 × 9"

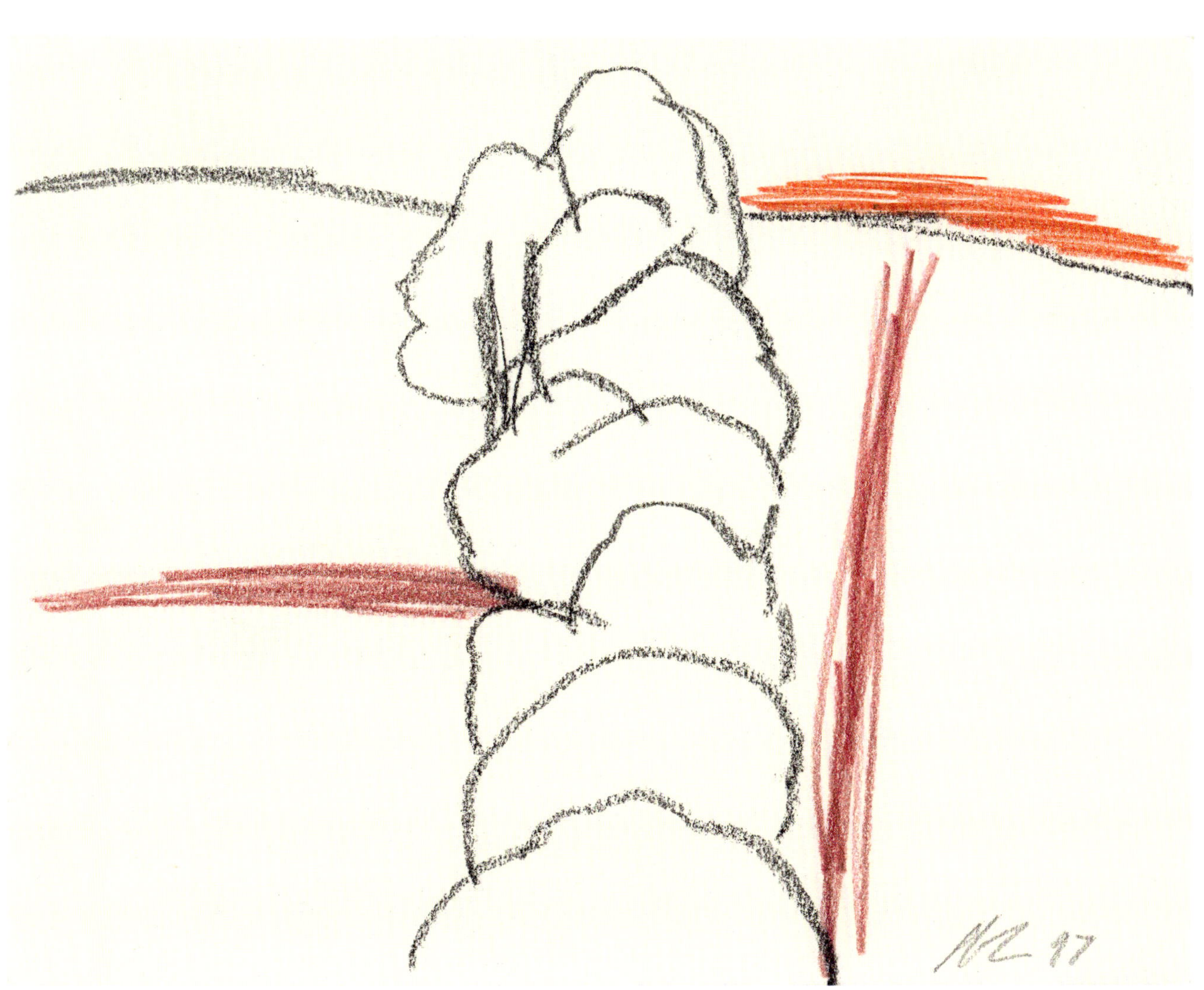

Untitled (Catskills) 2002
Farbstift, Conté crayon auf Papier, 17,8 × 22,9 cm / Colored pencil, Conté crayon on paper, 7 × 9"
Sammlung Museum Pfalzgalerie Kaiserslautern

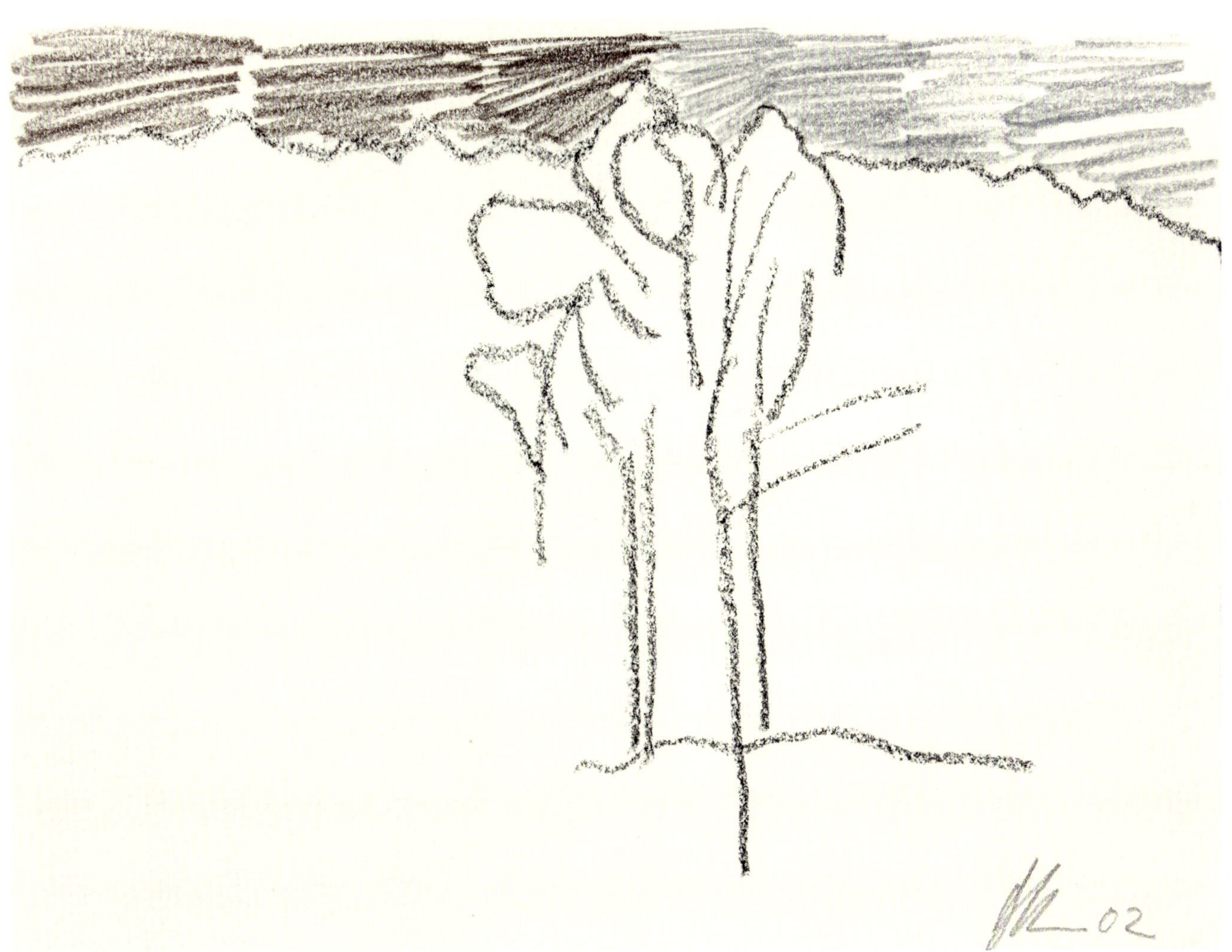

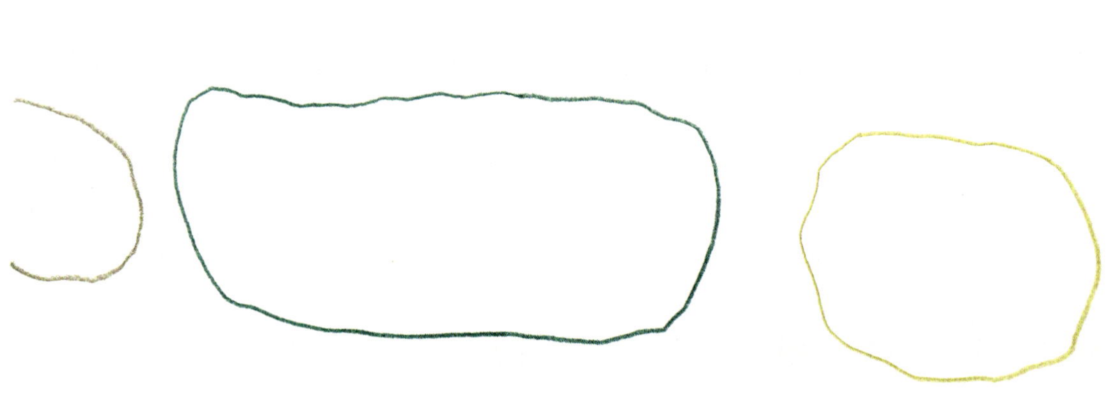

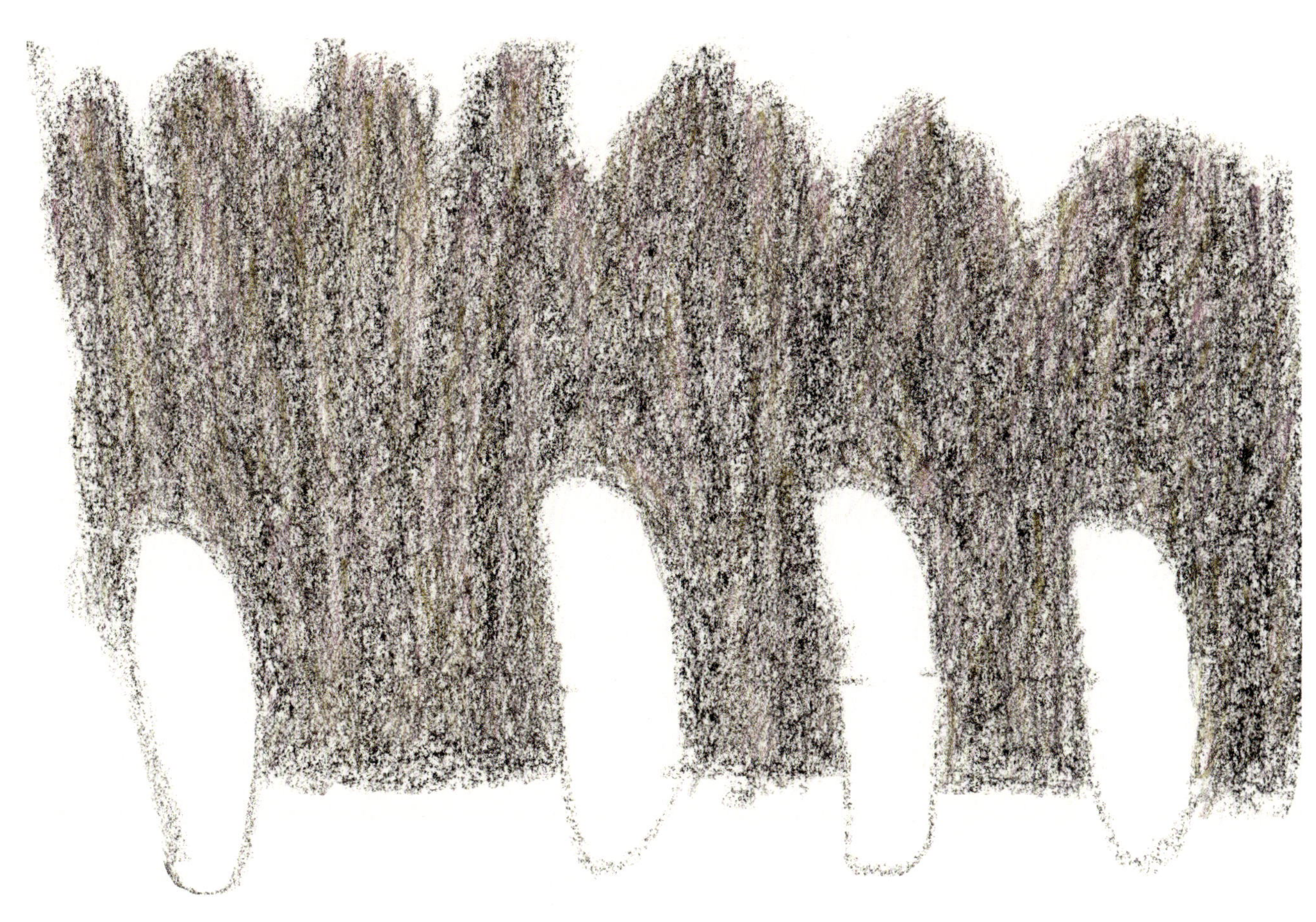

Untitled (Berlin) 2011
Farbstift, Conté crayon auf Papier, 17,8 × 22,9 cm / Colored pencil, Conté crayon on paper, 7 × 9"
Sammlung Berlinische Galerie

< Seite 44 / page 44:
Untitled (Berlin) 2013
Farbstift auf Papier, 17,8 × 22,9 cm / Colored pencil on paper, 7 × 9 "

< Seite 45 / page 45:
Untitled (Berlin) 2015
Farbstift, Conté crayon auf Papier, 17,8 × 22,9 cm / Colored pencil, Conté crayon on paper, 7 × 9"

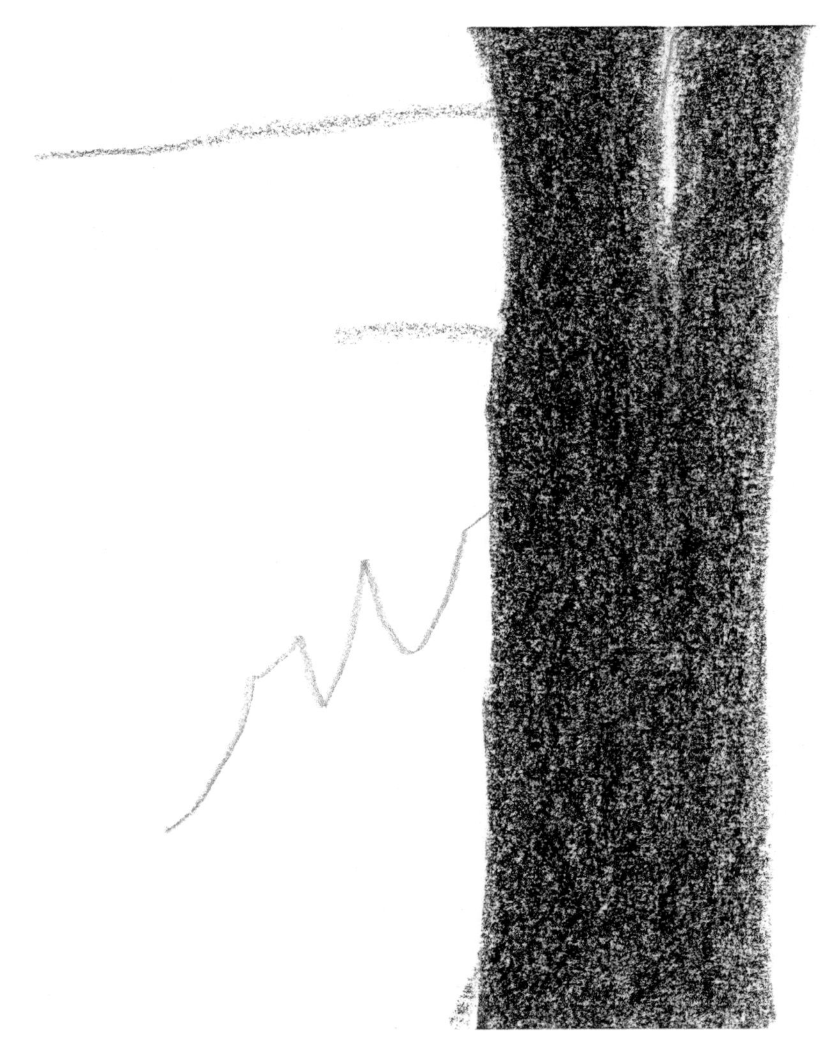

Untitled (Berlin) 2015

Farbstift, Conté crayon auf Papier, 17,8 × 22,9 cm / Colored pencil, Conté crayon on paper, 7 × 9"

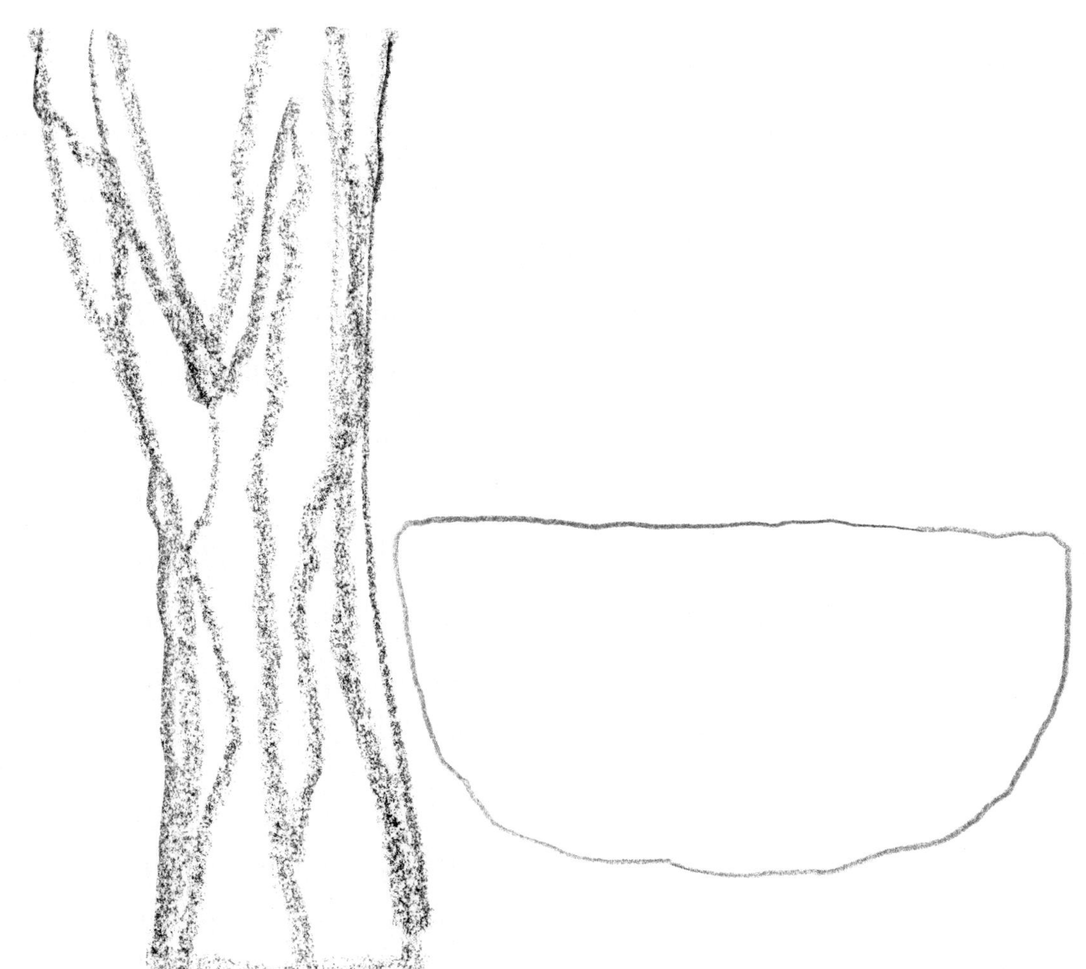

Untitled (Berlin) 2015

Farbstift, Conté crayon auf Papier, 17,8 × 22,9 cm / Colored pencil, Conté crayon on paper, 7 × 9"

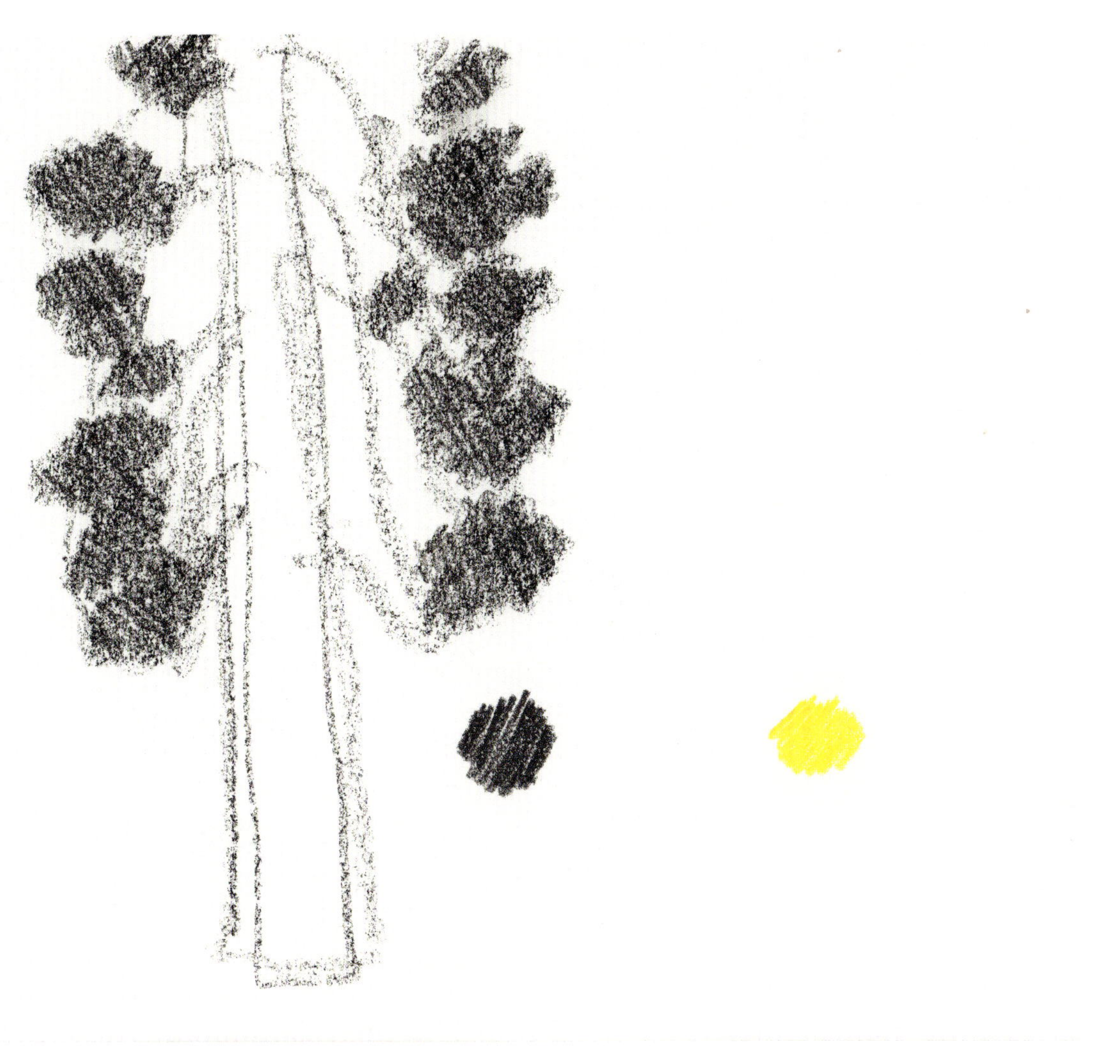

Sabine Bergk

The Unanswered Question

In this world, I'm not tangible
Paul Klee

Painting is a deep source. Excessive excitement and market jostling disturb its non-tangible stillness. It is a mute art that weakens itself when it becomes loquacious. It counteracts the aggressive market activity—like a plant that is barely given time to grow. And yet it is precisely painting that is capable of outlasting time, of finding calmer arcs, paradoxical metaphors of persistent power.

Bettina Blohm sits under open skies for hours, observing the light. Landscapes like the Catskills in the Appalachian Mountains and Cape Cod on the Atlantic are among the constants in her work. Lines inhabit space, become lines again, cautiously searching, subtle, vigorous and full of curiosity.

Bettina's work radiates a calm that can be seen from a Japanese point of view: emptiness and phenomenon, particle and line move into incessant emergence. In this language of lines, it seems, paradoxically, easy to overfly the ocean while simultaneously catching the shadow of a blade of grass.

Wrested equilibrium characterizes Bettina's language of forms. Her hesitant way of teasing out lines comes close to the universe of Paul Klee, whom the Japanese still admire obsessively.

Klee explored the tangibility of the intangible by making lines visible and equilibrating their chromatic harmony. A tightrope act—as if it were a matter of securing an essential harmonic structure for himself and the instable cosmos. "Yasashiite, hingayoute, yumegaaru": "elegant, dignified and full of dreams," in the words of the shadow-loving Japanese. In Japanese culture, beloved things are "inhabited," Shintoistically, subtly.

How many house-hiding places a painter of Klee's caliber manages to accommodate in a single line! exclaimed the poet Makoto Ooka.
How I wish I could climb into a picture once a day to enjoy a cup of tea in the shade of a single line.

In contrast to her freehand drawing in nature, Bettina Blohm also regularly works on large-format abstract paintings. Here, a subtle graphic-insular side meets a continentally anchored New York painter.

Bettina's line grids are vigorously shored up, like buildings that have passed their earthquake resistance test. And yet they remain precarious, open. Nature seems to flow through them constantly, like through a net that is incapable of grasping anything. Concealed things seep up from the expanses of color, mild and burning, inhabited at the same time by a great calm. There it is, again: "inhabiting."

Bettina's work subsists on architectonic impressions in nature. In the vegetal, in particular, she finds archetypes, fundamental laws of stability and movement. Spectra that remain shadowy, hidden, become currents that sing, tell stories. Lines find mathematically shifted stability, sink down, unfold into surfaces, cast out nets to fish for deeper sources of color.

Regarding Klee's "Fische im Wildbach" ("Fish in the Torrent"), the architect Toyo Ito wrote:
The fish amongst themselves and the fish and water together become entangled like unraveled threads, becoming enmeshed in one another. [...] The fish and the liquid surrounding it

merge with each other, the fish shaping the traces of the water's motion just as the fish seems to take shape as an individual entity in the manifestation of the water's motion.

This reciprocity is like a musical interplay of waves, a frisky fishing for light intertwined with layers of color and lines. Painting may, like profound waters welling up inexhaustibly, seemingly come close to music. The handling of color, the deep quest for internal images, makes it possible to connect both art forms at a hidden level.

In his visionary composition "The Unanswered Question," Charles Ives found a transition from music to abstract painting: While a woodwind section wrestles with existential questions in the foreground, the background remains profoundly balanced. All is well, always was well, and we know this, says Ives. The game for futile stability is stable as long as it remains futile. As viewers, we become part of this game, which begins with an open view on Cape Cod.

Sabine Bergk is a Berlin-based poet.

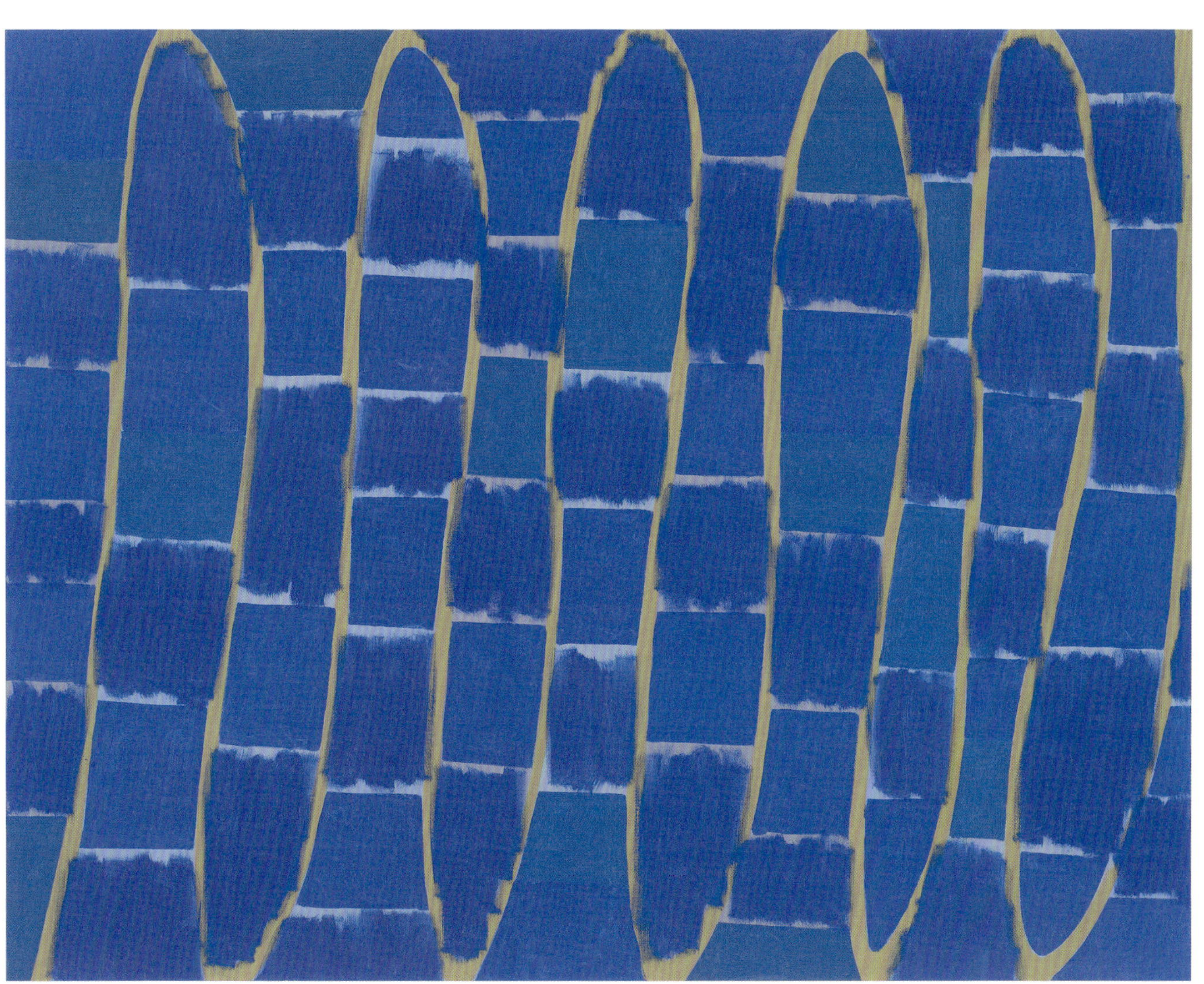

Echo 2014
Öl auf Leinwand, 172,7 × 213,4 cm / Oil on linen, 68 × 84"

< *Seite 55 / page 55:*
Double Dutch 2014
Öl auf Leinwand, 172,7 × 213,4 cm / Oil on linen, 68 × 84"

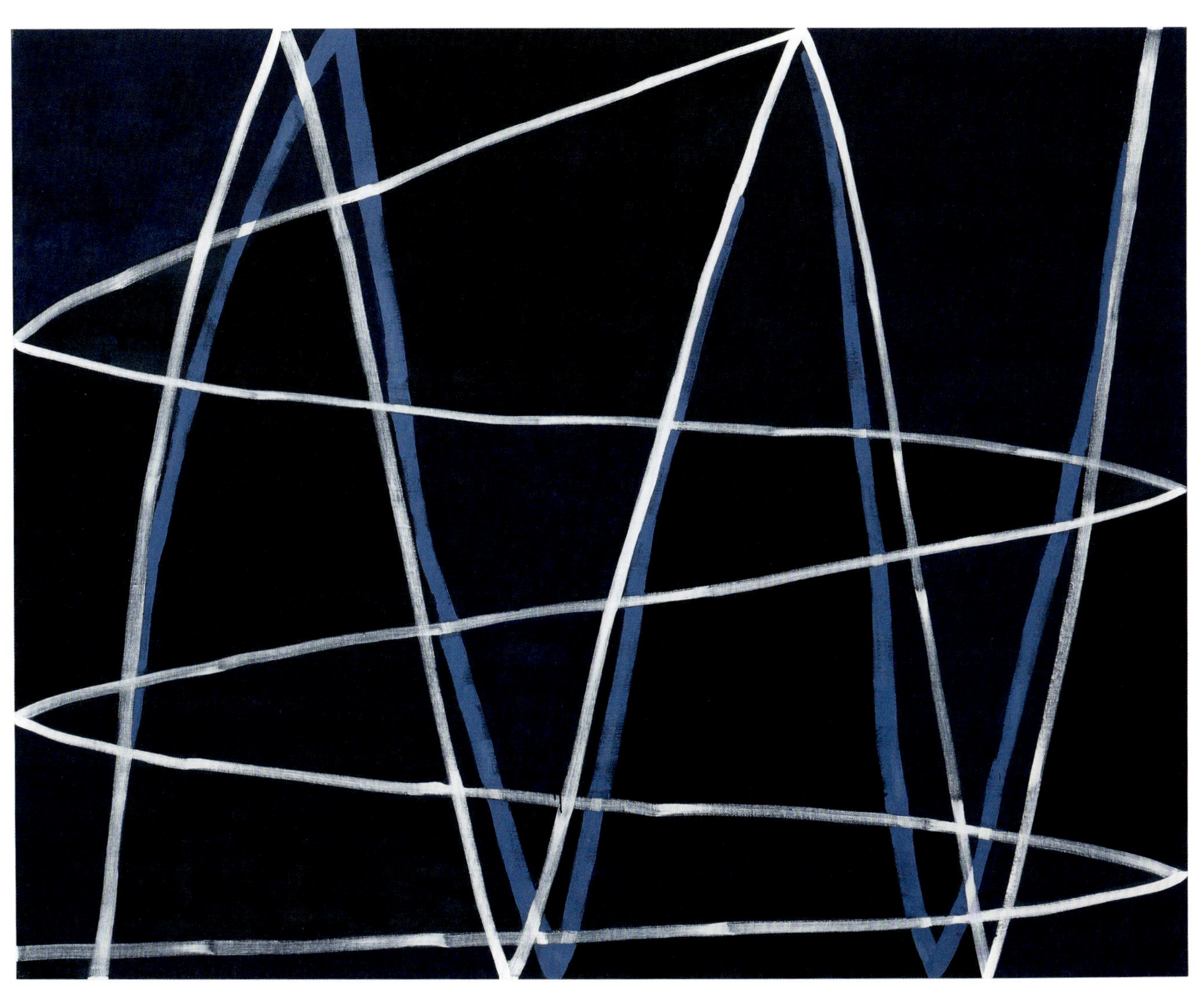

One for J. C. 2013
Öl auf Leinwand, 172,7 × 213,4 cm / Oil on linen, 68 × 84"

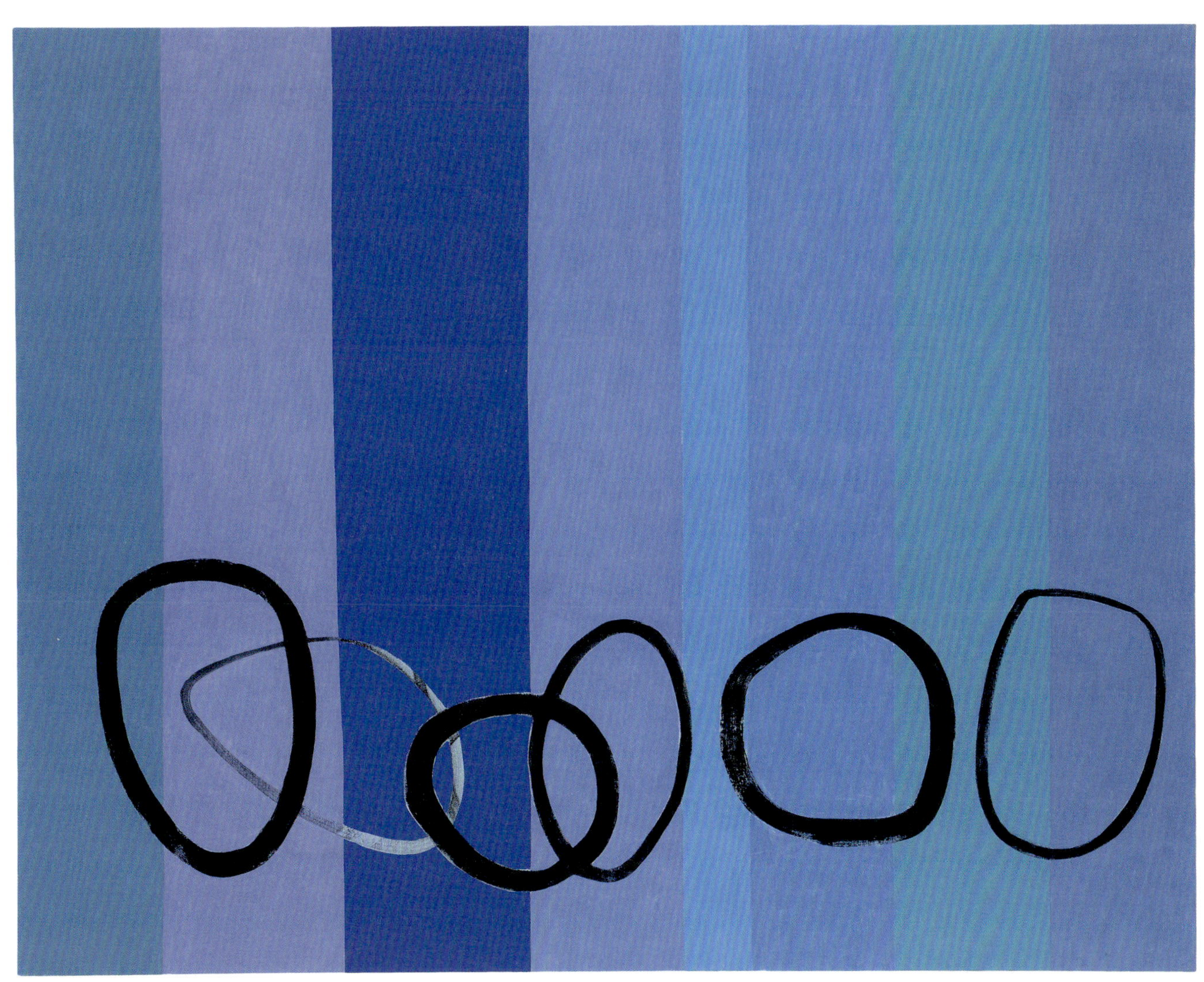

Penelope's Thread 2012
Öl auf Leinwand, 172,7 × 213,4 cm / Oil on linen, 68 × 84"
Privatsammlung / Private collection Berlin

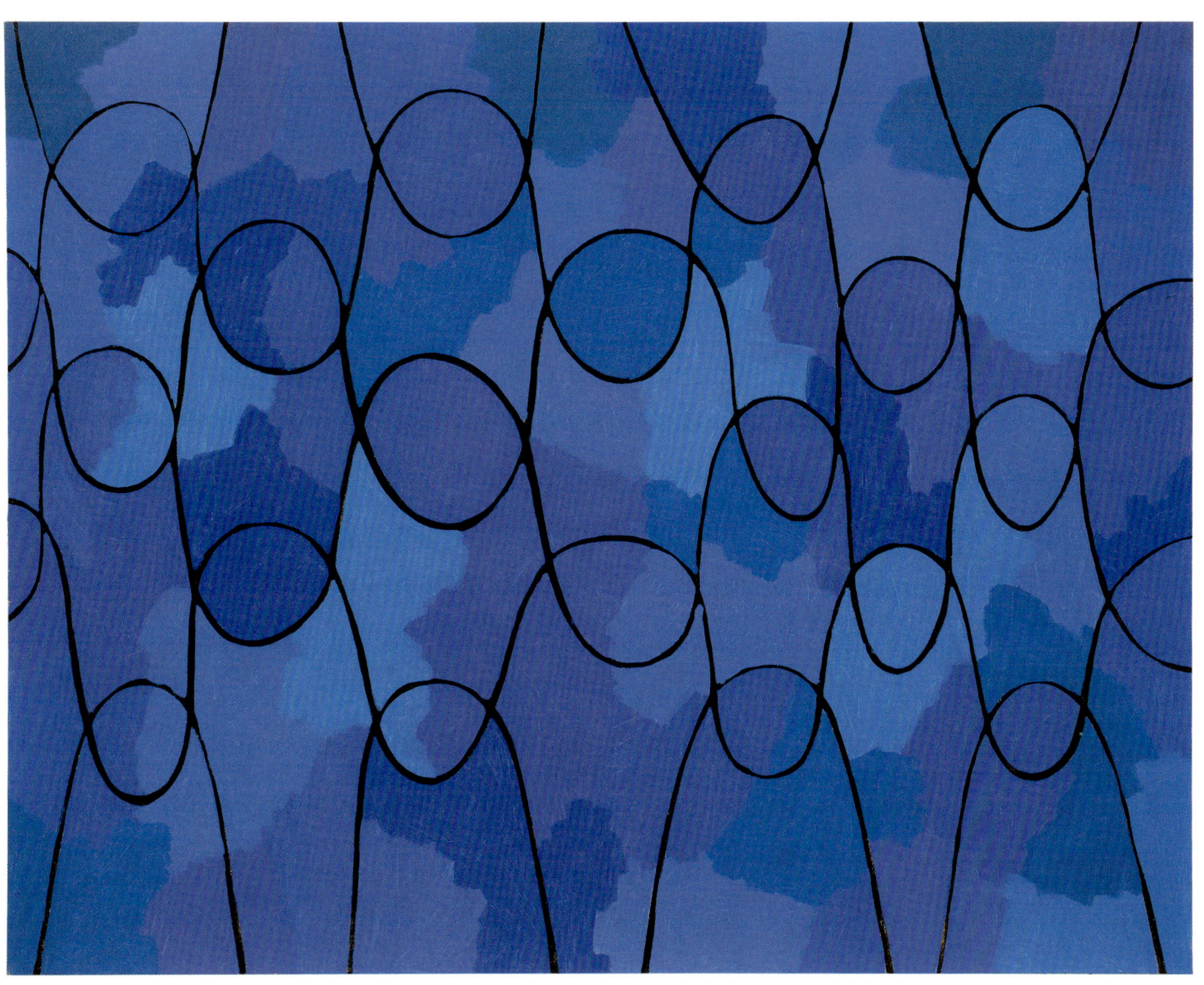

The Days 2012
Öl auf Leinwand, 172,7 × 213,4 cm / Oil on linen, 68 × 84"
Privatsammlung / Private collection Berlin

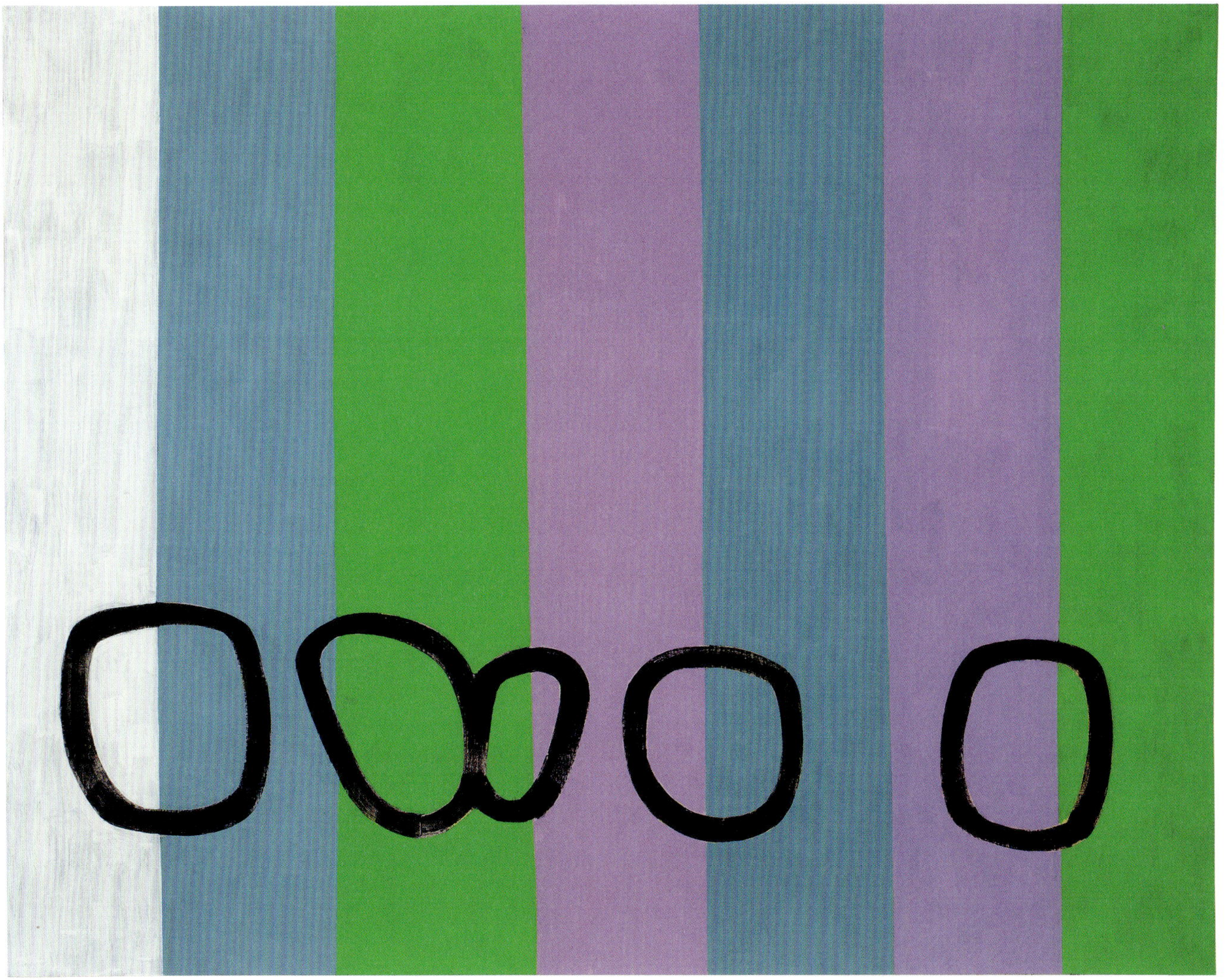

Small Snag 2013

Öl auf Leinwand, 86,3 × 106,7 cm / Oil on linen, 34 × 42"

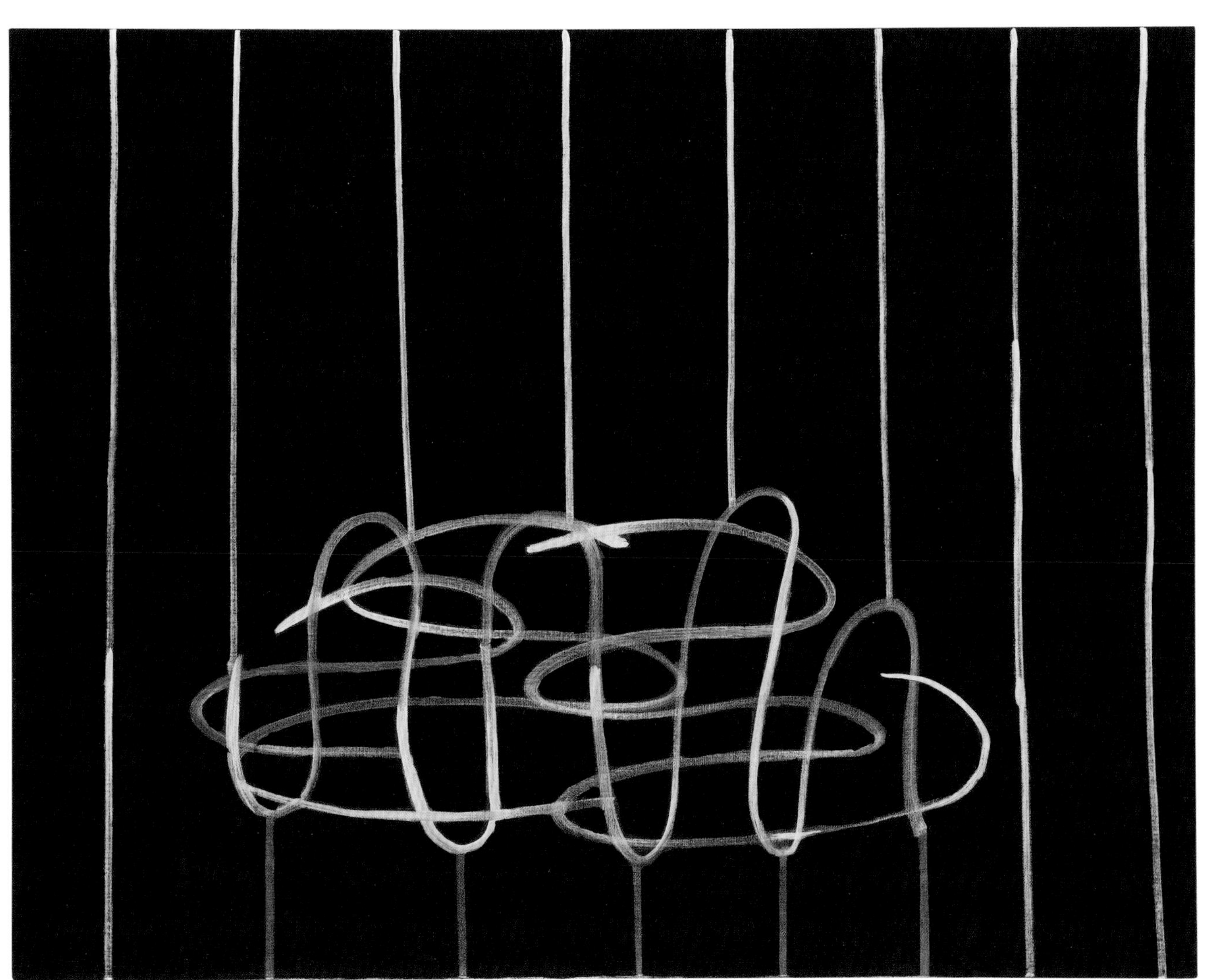

Cathedral 2012
Öl auf Leinwand, 172,7 × 213,4 cm / Oil on linen, 68 × 84"

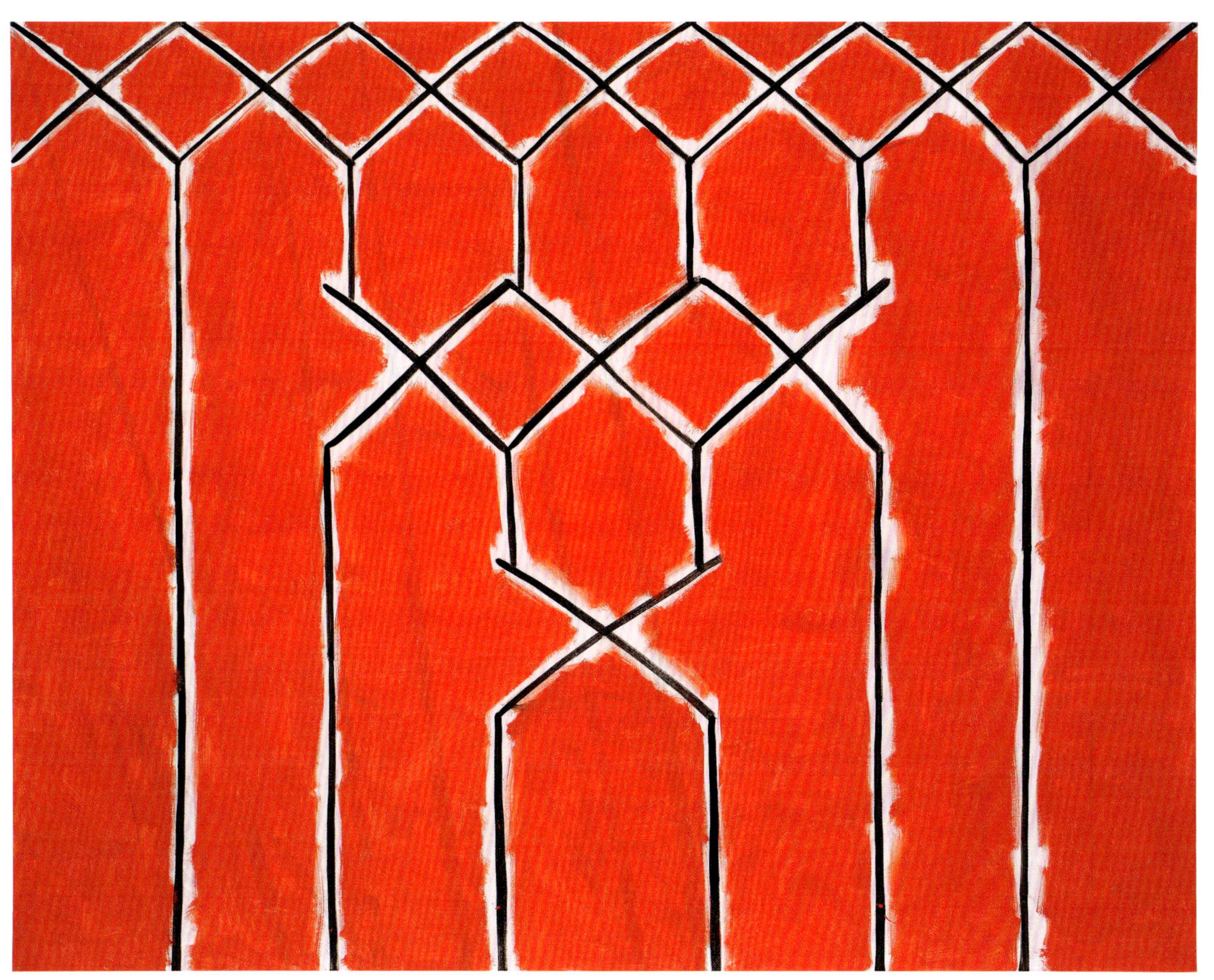

Indigo 2012
Öl auf Leinwand, 172,7 × 213,4 cm / Oil on linen, 68 × 84"
Privatsammlung / Private collection Neuss

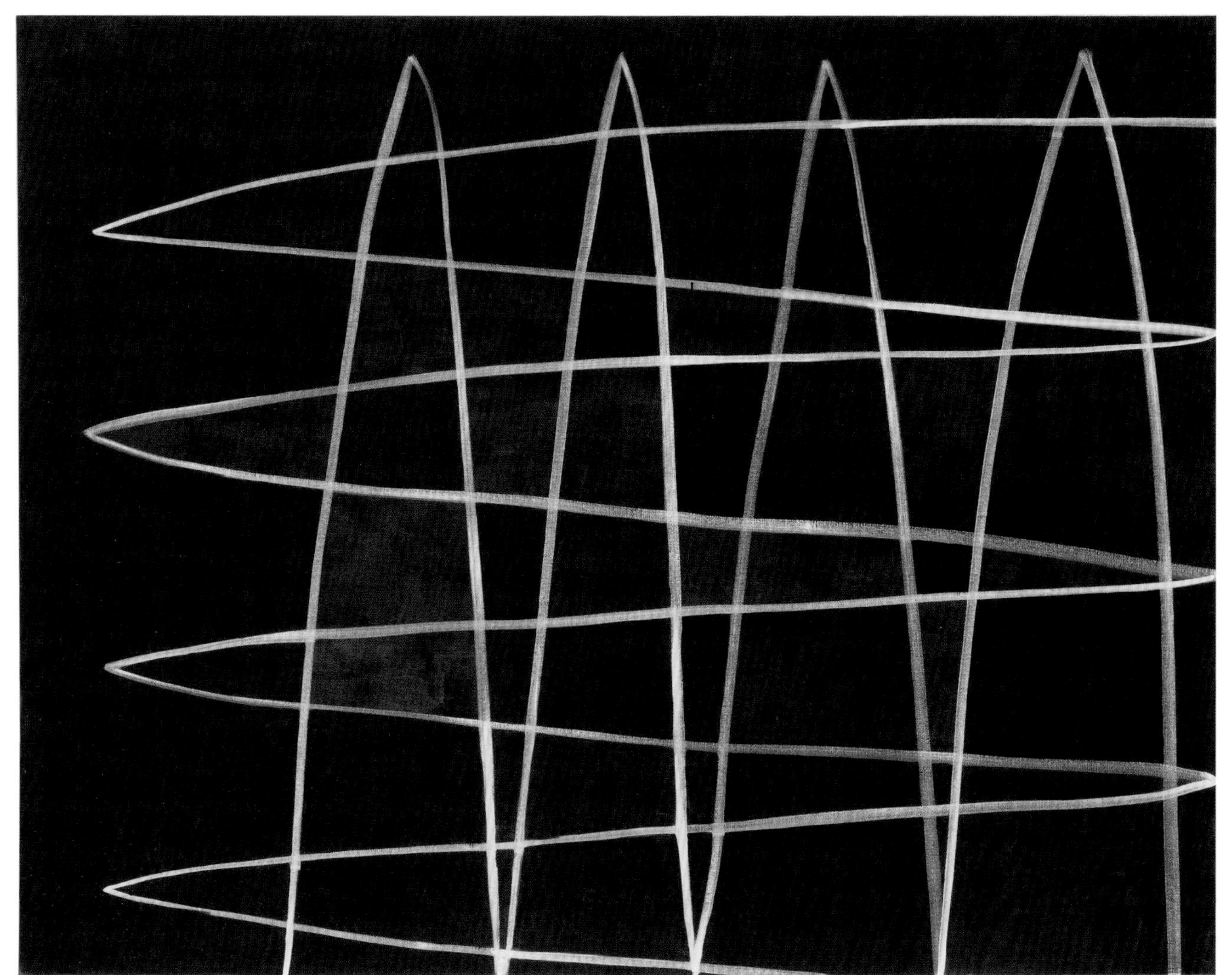

Donna Harkavy

Fermaten und Oszillationen

Ein Gespräch zwischen Donna Harkavy und Bettina Blohm

Donna Harkavy: Fangen wir vorne an. Kannst Du über Deine Vorgehensweise sprechen – wie Du ein Gemälde machst?
Bettina Blohm: Das erste, was ich im Atelier mache, sind Skizzen. Sie sind klein und einfach, ich zeichne sie in ein Skizzenbuch, mit einem HB-Bleistift. Dort entwickle ich kompositorische Ideen für meine Ölbilder. Ich mache eine Zeichnung nach der anderen, Skizze um Skizze, und wenn ich etwas habe, das mich reizt, beginne ich mit einem Bild. Auch während das Bild entsteht, denke ich mit Zeichnungen weiter darüber nach. Oft fange ich eine ganze Gruppe von Arbeiten an, die mit ähnlichen Ideen zu tun haben. Ich verwende Ölfarbe und male in Schichten, und ich versuche, die Oberfläche offen zu halten. Gelegentlich geht es recht schnell, aber meistens dauert es etwa drei Monate, bis ein Bild fertig ist. Ich wische bestimmte Flächen wieder frei, ich übermale sie, und die Oberfläche wird interessanter, weil sie diesen Prozess widerspiegelt. Es gefällt mir, wenn die Entstehungsgeschichte zu spüren ist. Während eine Farbschicht trocknet – das dauert für gewöhnlich drei Tage –, drehe ich das Bild zur Wand. Wenn ich es dann wieder anschaue, habe ich einen gewissen Abstand, und das hilft mir zu entscheiden, wie ich weitermache. Jedes Bild hat seine eigene Stimmung, seinen eigenen Charakter.

DH: Zeichnen ist ein wichtiger Teil Deines künstlerischen Prozesses. Du hast von Deinen Skizzen gesprochen. Was machst Du sonst noch für Zeichnungen?

BB: Einige sind Landschaftszeichnungen. Ich zeichne seit zwanzig Jahren in der Natur. Bei den Landschaftszeichnungen denke ich nicht ans Malen, ich halte im Grunde nur fest, was ich sehe. Da sie immer ein sehr kleines Format haben, 18 × 23 cm, entsteht ein direkter Flow vom Auge zur Hand. Eine andere Serie von Zeichnungen heißt *Diagrams*. Die *Diagrams* sind immer abstrakt. Sie entstehen in Berlin, wo ich vier Monate im Jahr lebe. In ihnen entwickle ich Ideen für Gemälde, speziell den Bildraum und die Struktur. *Diagrams* 2014 (Seite 102) gehört zum Beispiel zu dem Ölbild *Great Escape* (Seite 33).

DH: Bei den Gemälden sind Löschungen ein wesentlicher Bestandteil Deines Verfahrens. Gilt das gleichermaßen für Deine Zeichnungen?
BB: Bei den Landschaftszeichnungen radiere ich nicht. Wenn eine nicht funktioniert werfe ich sie weg. Die *Diagrams* sind in Kohle auf Acrylgrund gezeichnet. Kohle ist ein sehr malerisches Zeichenmedium, und ich verwische mit der Hand. Dadurch bekommen die Zeichnungen manchmal diesen wunderbar dunklen Hintergrundton. Ich benutze die gezeichnete Linie und die halb verwischte Linie auch, um räumliche Abstufungen und den Eindruck von Ferne zu erzeugen.

DH: Vergleicht man Deine Zeichnungen mit den Gemälden, hat man den Eindruck, dass der Raum in den Zeichnungen oft dynamischer ist.
BB: Bei den Zeichnungen hat man nur eine Linie und das weiße Papier. Das Papier ist also bereits der Raum. Man muss ihn nicht erst konstruieren, wie bei einem Ölbild. Das ist das Wunderbare am Zeichnen, es ist dem Denken so nahe. In meinem Fall ist der Maßstab oft klein und er kommt aus der Hand, daher fließen die Denkprozesse direkt in die Zeichnung.

DH: Hat das Arbeiten in Berlin Deine Bilder beeinflusst?
BB: Ja, definitiv. Ich habe mir vor acht Jahren ein Atelier in Berlin eingerichtet und beschlossen, dort nur auf Papier zu arbeiten. Mit dem Ergebnis, dass die Linie in meiner Malerei an Bedeutung gewonnen hat. Durch das Hin und Her zwischen Malphasen und Zeichenphasen sind meine Bilder klarer geworden

DH: Wie entstehen die Titel Deiner Gemälde?
BB: Titel geben macht mir Spaß. In der Regel habe ich vorab keinen Titel. An irgendeinem Punkt innerhalb des Malprozesses übernimmt das Bild die Führung und ich folge ihm einfach. Dann kann der Titel plötzlich da sein. Es ist dieser Flow, der absolut

wunderbar ist. Er kommt ganz von selbst, fast. Manchmal habe ich keinen Titel, manchmal kommt er im Nachhinein, ja sogar im Gespräch mit jemandem, der das Bild betrachtet. Es ist ganz unterschiedlich, wie ein Titel zustande kommt. Aber im Idealfall fügt er dem Gemälde eine weitere Schicht hinzu.

DH: Kommt es auch vor, dass der Titel das Gemälde leitet?
BB: Gelegentlich. Zum Beispiel, das Bild mit dem Titel *Memory Palace* (Seite 19) beruht auf einem Raster. Bei diesem Bild hatte ich den Titel ziemlich schnell, schon beim Malen. Ich dachte an die uralte Technik, sich etwas ins Gedächtnis einzuprägen, bei der man sich eine Konstruktion vorstellt, meistens ein Bauwerk, und unterschiedliche Teile der Erinnerung in die Räume stellt.

DH: In Deinen neueren Bildern verwendest Du mehrmals ein Rasterformat. Wie kam es zu dieser Entwicklung?
BB: Zwischen 1995 und 2008 habe ich Landschaften gemalt. Bei einem Landschaftsraum landet man immer beim Horizont. Selbst wenn man ihn nicht verwendet oder negiert, ist er immer da. Bei den neueren Bildern wollte ich unbedingt die Senkrechte und die Waagrechte einbeziehen, und das Raster ist eine perfekte Kombination von beidem. Es ist auch ein gebauter Raum. Ein ausgesprochen urbaner Raum. Wenn ich bei mir aus dem Fenster schaue, sehe ich genau das. Und ein Raster ist nonhierarchisch, deshalb ist es eine perfekte moderne Struktur, und egalitär. Ich habe also alle diese Assoziationen im Kopf. Ich messe die Raster nicht unbedingt aus; oft sind sie mit der Hand gezogen und unregelmäßig, kippen ab oder biegen den Raum. Ich stelle sie auch mal auf eine Ecke, sodass sie eher rautenförmig sind. Das Raster schafft Ordnung, was mir zusagt. Du weißt ja, aus Chaos will man Ordnung herstellen, das ist ein ganz fundamentaler, menschlicher Impuls. Aber dann muss ich die Ordnung zerstören und brauche ein Gefühl von Freiheit; hier kommt das gestische Element dazu.

DH: Du hast im Hinblick auf Dein Werk oft über Chaos und Ordnung gesprochen. Kannst Du das näher erläutern?
BB: Es ist gut, Regeln festzulegen. Sie müssen aus der eigenen Malpraxis kommen; sie sollten nicht aufgesetzt sein, aber sie können hilfreich sein. Man kann nur innerhalb gewisser Grenzen frei sein, da Freiheit für sich genommen sinnlos ist. Die beiden Gegensätze, Ordnung und Chaos, Regeln und Freiheit, brauchen einander. Und ich gehe beim Malen hin und her – schaffe eine Ordnung und arbeite dann gegen sie an, breche aus ihr aus und kehre dann wieder zur Ordnung zurück.

DH: Wie Du gesagt hast, das Raster bietet Struktur und Ordnung.
BB: Ja, genau. Das Raster steht auch in Beziehung zum Format, dem Rechteck. Das Format des Bildes bestimmt den Raum. Als ich Landschaftsbilder malte, arbeitete ich mit einem extremen Querformat, weil ich auf die eine oder andere Art immer mit dem Horizont zu tun hatte. Das Rechteck ist ein klassisches Format der Malerei, und es ist ein angenehm offenes Format für das Raster. Mein derzeitiges Lieblingsformat, 172 × 213 cm, steht in Relation zu meiner Körpergröße und der Reichweite meines Arms, der Malprozess hängt also mit meinem Körper und der Armbewegung zusammen.

DH: Es wurde oft bemerkt, dass Deine Arbeit anfangs stark von Henri Matisse beeinflusst war, was die Verwendung breiter Flächen in kräftiger, flächiger Farbe angeht und die Partien, wo sich Formen an den Kanten berühren. Kannst Du etwas zu diesem Einfluss sagen, und zu anderen Künstlern, die Dein Werk geprägt haben?
BB: 1987 gab es eine Matisse-Ausstellung im Metropolitan Museum, Werke aus der Eremitage. Sie hat mich enorm beeindruckt. Damals malte ich Baumstämme in mehr oder weniger kubistischen Farben, bräunlich, bläulich. Ich ging nach Hause und malte den ganzen Baumstamm rot. Dann fing ich mit Farbstudien an. Anschließend eliminierte ich das Räumliche aus den Formen und führte mehr und mehr Farbe ein. Ja, Matisse war eine zentrale Figur. Auch Milton Avery und später Arthur Dove. Als ich Landschaften malte, waren Avery und Dove wichtig für mich, in puncto Farbe und was sie mit der Landschaft machten. Auch Doves emotionale und, soll ich sagen, spirituelle Beschäftigung mit Landschaft. Ich studierte, wie Matisse Formen voneinander abgrenzt. Wenn man mit flächiger Farbe arbeitet, sind die Kanten ganz wesentlich. Eine Zeitlang habe ich nur Kanten gemacht; alle Linien waren Kanten. Jetzt verwende ich die Linie natürlich eigenständiger.

DH: Gibt es zeitgenössische Künstler, deren Werk Du schätzt?
BB: Thomas Nozkowski, Jonathan Lasker und Mary Heilmann. Alle drei beharren auf einer persönlichen Sicht der Welt. Obwohl sie ihre Inspirationsquellen verbergen, weiß man, dass es etwas ist, was sie gesehen und erlebt haben, egal was. Und sowas interessiert mich. Für mich war es jahrelang die Landschaft, doch davor habe ich auch Architektur gemalt, irgendwann sogar Figuren, ich habe also über Jahre dieses Vokabular entwickelt, das ich verwenden kann, sogar in meiner heutigen Arbeit. Und deshalb mache ich weiter Landschaftszeichnungen, auch wenn ich nicht unbedingt male, was ich von den Zeichensessions nach Hause bringe. Es erhält den Kontakt zur Welt

aufrecht. Es gibt mir Ideen. Ich schaue das Licht an – es gibt eine unendliche Vielfalt an Formen und Momenten in der Natur, die sich mit dem Licht ständig verändern. Als ich das erste Mal Gelegenheit hatte, in die Catskill Mountains zu fahren, habe ich so emotional reagiert, ich musste es einfach verwenden.

DH: Seit Beginn Deiner Tätigkeit oszilliert Dein Werk zwischen Landschaft und Abstraktion, und oft verharrt es, wie eine Fermate, dazwischen. Seit 2011 sind Strukturen zum vorherrschenden Motiv geworden. Was führte zu dieser Verschiebung von der Landschaft zu einem abstrakteren Vokabular?
BB: Ich empfand eine gewisse Begrenztheit oder Beschränktheit bei den Landschaften, weil ich wollte, dass das Gemälde autark ist und nichts mit Information zu tun hat, die erkannt werden muss. Ich glaube, ich bin gut im Abstrahieren, im Herausdestillieren des Wesentlichen, der Grundstrukturen von dem, was ich sehe, egal, was es ist. Aber ich sträubte mich dagegen, weil ich eine figurative Malerin sein wollte, obwohl das eigentlich gar nichts mehr bedeutet. Es gab also einen Punkt, an dem ich diesen Raum und das gegenständlichere Sujet aufgegeben habe. Es war eine Befreiung. Ich denke nicht unbedingt an Struktur. Es ist eine Art additiver Prozess; ich lege eine Form oder *Geste* an und wiederhole sie. Am Ende wird daraus eine Art Muster. Es besteht ein Zusammenhang zwischen Struktur und Abstraktion, und eine enge Verwandtschaft mit der Natur, den Formen und Gebilden, die wir in der Natur sehen. Und es geht um ein Gefühl von Ordnung.

DH: Deine jüngsten Bilder sind allem Anschein nach von Musik inspiriert. Sie sind so etwas wie ein visueller Punkt und Kontrapunkt musikalischer Rhythmen und multipler Motive, die aufeinander antworten und reagieren. Kannst Du etwas über Dein Verhältnis zur Musik sagen? Ist das etwas Neues für Dich?
BB: Im vergangenen Sommer (2015) machte mich Sabine Bergk auf Leonard Bernsteins Norton Lectures aufmerksam. Ich mochte sie sehr, weil er Verbindungen herstellte zwischen Musik und Dichtung, Kunst und sogar Linguistik. Er hielt sie 1973, also an einem kritischen Punkt, als der Moderne der Dampf ausgegangen war und die Postmoderne eingesetzt hatte, und die große Frage war, wie es weitergehen sollte. Ich fing an, mir Gedanken über Musik und Bernsteins Ideen zu machen, und so malte ich mehrere Bilder als Reaktion auf die Idee, musikalische Formen zu wiederholen und herumzuschieben. Eines meiner Bilder heisst sogar *The Unanswered Question,* so lautet der Titel seiner Lectures und einer Komposition von Charles Yves, die im Mittelpunkt der gesamten Vortragsreihe stand. Paul Klee, ein weiterer Künstler, der meine Arbeit

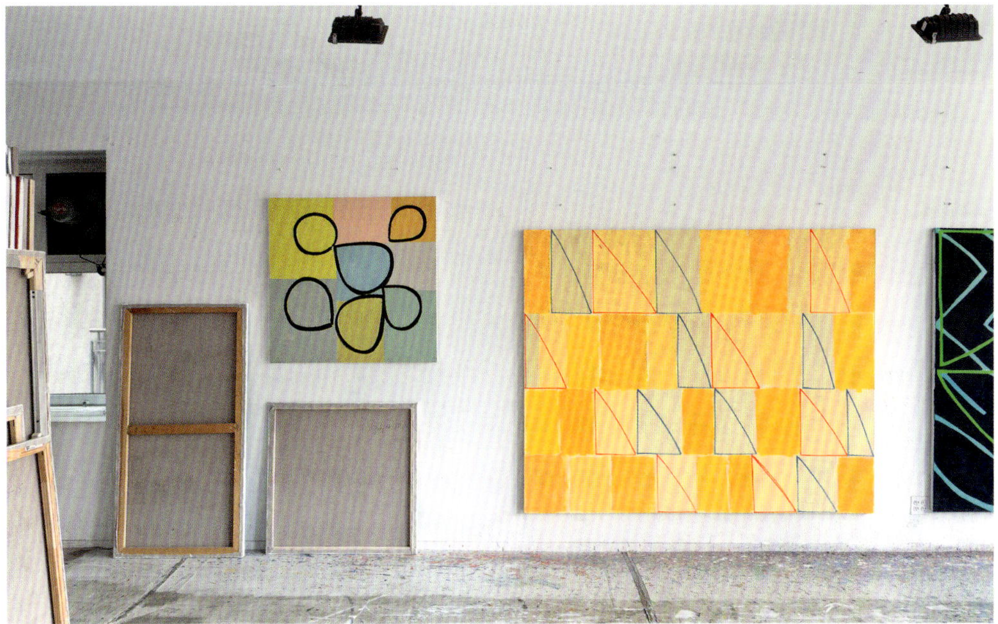

beeinflusst hat, verstand viel von musikalischer Struktur und bringt das oft in seinen Bildraum ein.

DH: In diesen Bildern scheint es auch eine neue Art der Schichtung zu geben. In der Vergangenheit hast Du oft Schichten aufgebaut, sie jedoch unter breiten, flächigen Farbfeldern verborgen. Hier ist die Schichtung offensichtlicher. Du brichst die Oberfläche auf und legst unterschiedliche Arbeitsphasen frei.

BB: Ich wollte mich und den Betrachter fordern. In den neuen Bildern führe ich eine weitere Schicht ein, und indem ich mit dem Maßstab spiele, verschiebe ich ständig den Fokus. Formen werden vervielfältigt oder in unterschiedlicher Größe und Intensität wiederholt. Indem ich dünnen Farbauftrag mit pastoseren Stellen kontrastiere, kann ich ein Raumgefühl erzeugen, aber trotzdem flache Formen verwenden. Die Lasuren sind wie Fenster in den Raum. Es entsteht der Eindruck von Vor und Zurück, manchmal durch die übermalten Stellen und manchmal durch die Löschungen, das Wegwischen, auch das erzeugt Tiefenwirkung. Es ist, vom Raum her, anspruchsvoller.

DH: Der Eindruck, dass Du den Entstehungsprozess stärker offenlegst – glaubst Du, es hat etwas damit zu tun, dass Du älter wirst, selbstsicherer, mit dem Gefühl, nicht mehr so viel für Dich behalten zu müssen wie früher?

BB: Das wäre eine schöne Erklärung. Es mag unterschiedliche Gründe dafür geben. Es wird wieder mehr gemalt, daher bekomme ich mehr Input von Ausstellungen, von jungen Malern. Es gibt heute eine gewisse Lässigkeit in der Malerei, man will nicht so perfekt sein, sondern das Unvollkommene zeigen, die menschliche Hand. Und ich beherrsche meine Mittel besser und will sie stärker vorantreiben.

DH: Darum geht es, zum Teil, in Deiner Malerei: eine Form zu wählen und sie ans Limit zu treiben. Oder mit einem Typus, einer Form zu experimentieren und sie in verschiedene Richtungen zu treiben.
BB: Ja, ich hoffe zumindest, dass ich das tue. Und alle Verhältnisse, alle Teile sollten sich aufeinander beziehen. Das ist sehr wichtig, dass das Bild ein Ganzes ist, dass es nicht einen Hintergrund und einen Vordergrund gibt, Figur und Grund, sondern dass sich alle Formen aufeinander beziehen und Eines das Andere bedingt, der Hintergrund bedingt die Figur und die Figur den Hintergrund. Das wäre mein Ideal.

DH: Gibt es einen abschließenden Gedanken, den Du hinzufügen möchtest?
BB: Jedes Gemälde hat im Kern eine Story, ich beginne nicht unbedingt mit ihr, aber ich suche danach. Darin besteht meine Neugier, welche Story steckt in dem neuen Bild, was wird es mir erzählen? Welche Realität wird es haben? Jedes Bild enthält eine Frage, und der Punkt ist, sie nicht zu beantworten, sondern die Frage zu verdeutlichen.

Donna Harkavy ist freie Kuratorin in New York.

Der Text ist ein Auszug aus einer Email-Korrespondenz vom 18. Januar 2016 und einem Live-Interview am 21. Januar 2016 in Bettina Blohms New Yorker Atelier.

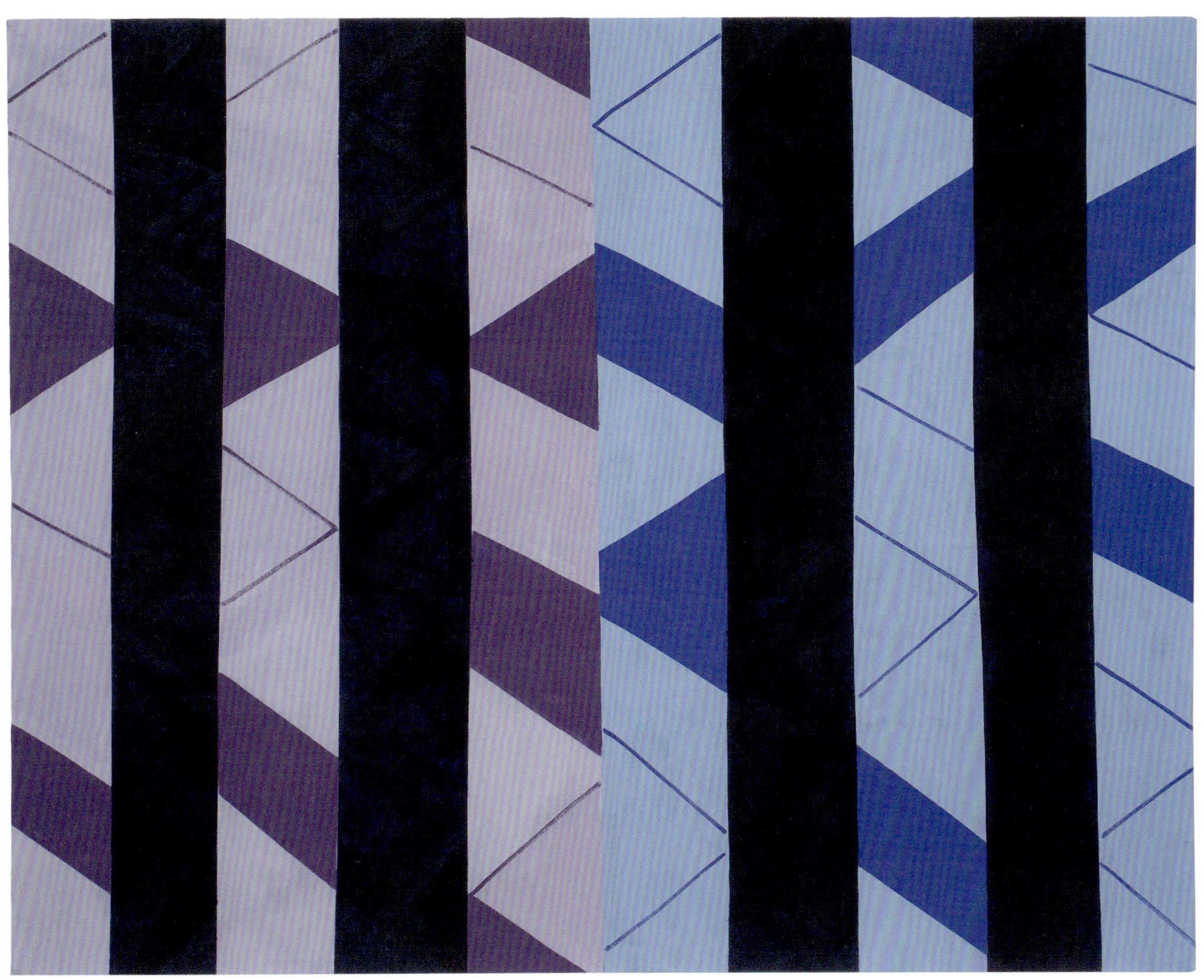

From Brittany 2012
Öl auf Leinwand, 172,7 × 213,4 cm / Oil on linen, 68 × 84"

< *Seite 77 / page 77:*
Nocturne 2012
Öl auf Leinwand, 172,7 × 213,4 cm / Oil on linen, 68 × 84"
Privatsammlung / Private collection Berlin

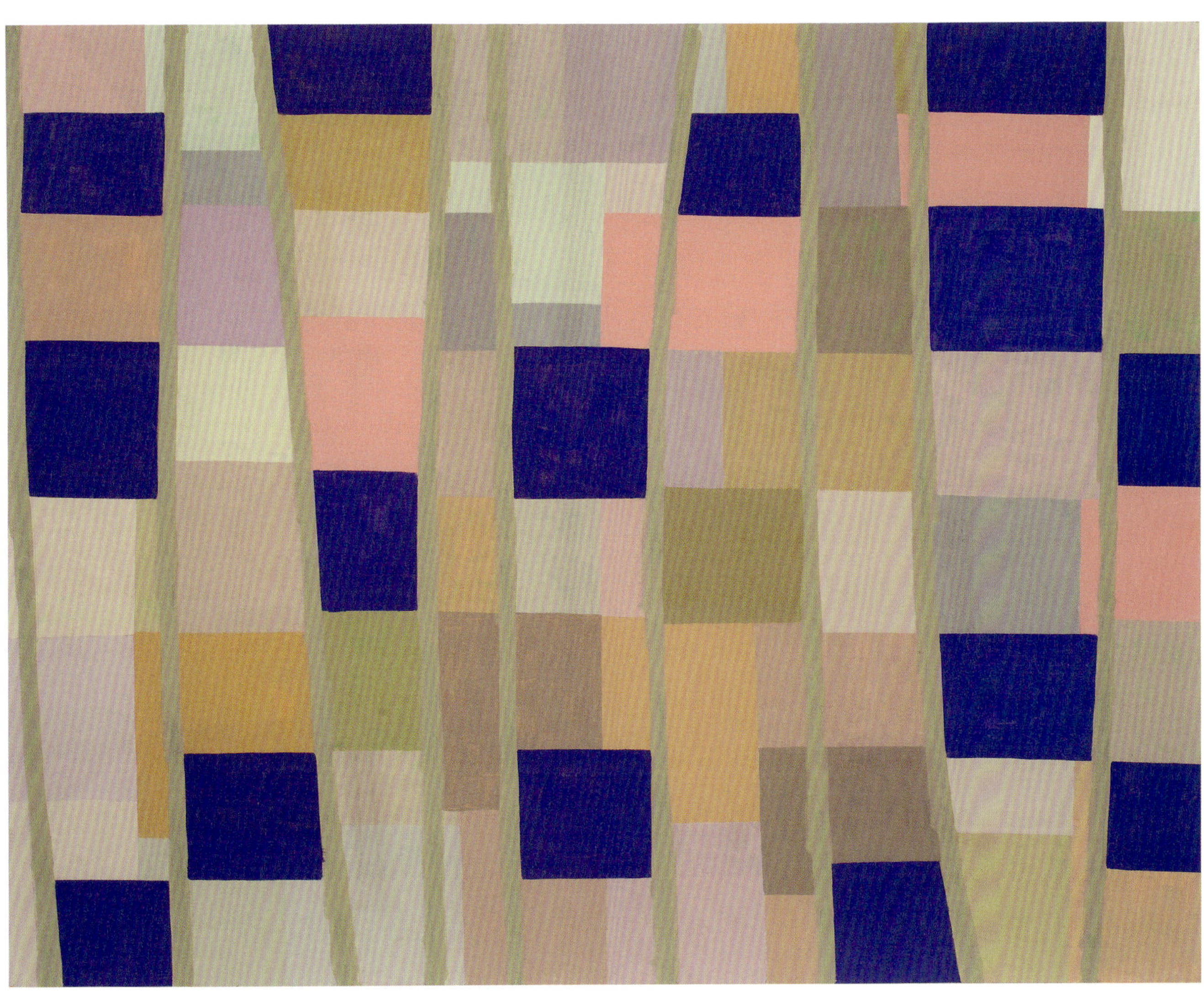

Phoenicia 2011
Öl auf Leinwand, 172,7 × 213,4 cm / Oil on linen, 68 × 84"
Privatsammlung / Private collection Berlin

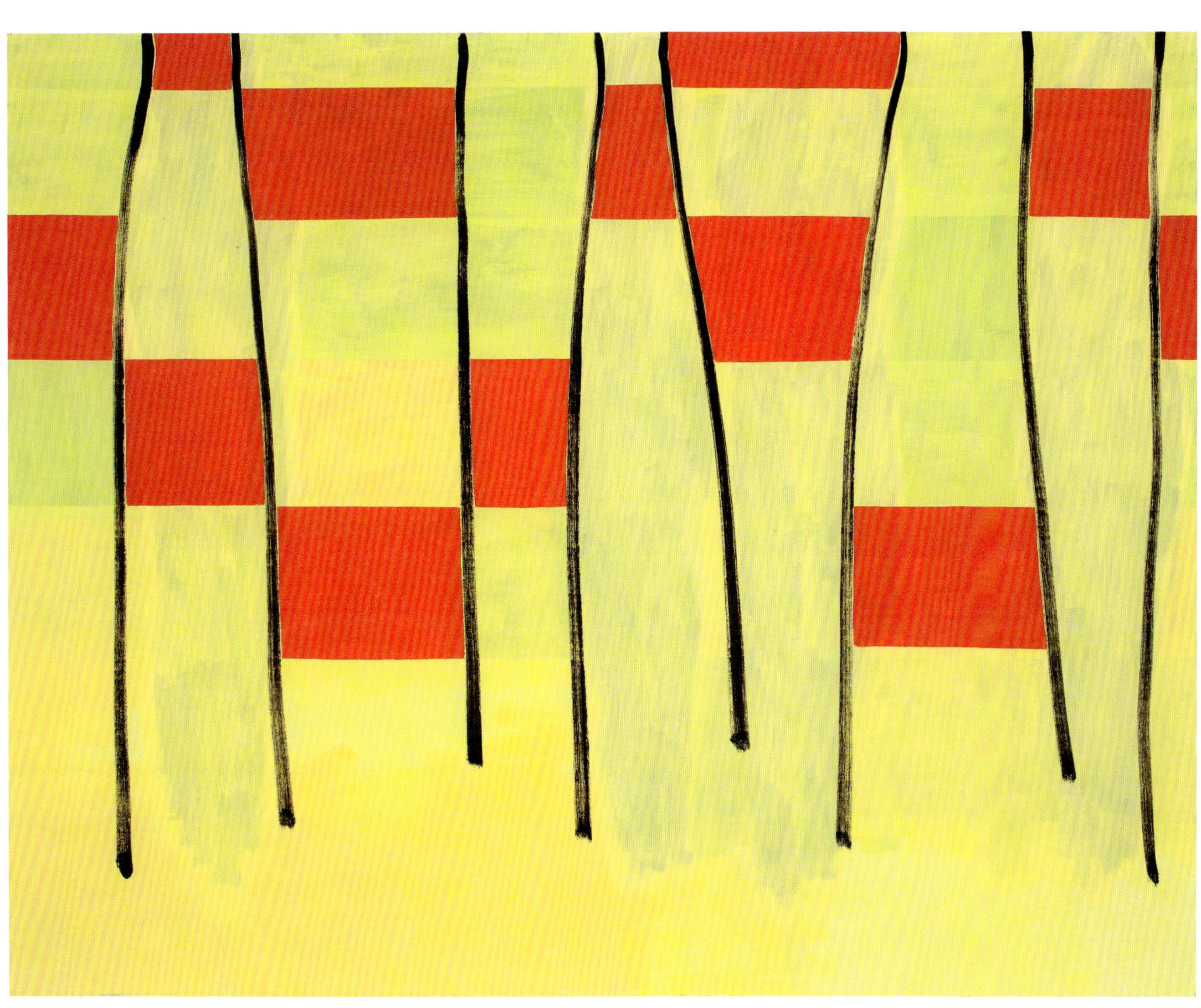

Monticello 2011

Öl auf Leinwand, 172,7 × 213,4 cm / Oil on linen, 68 × 84"

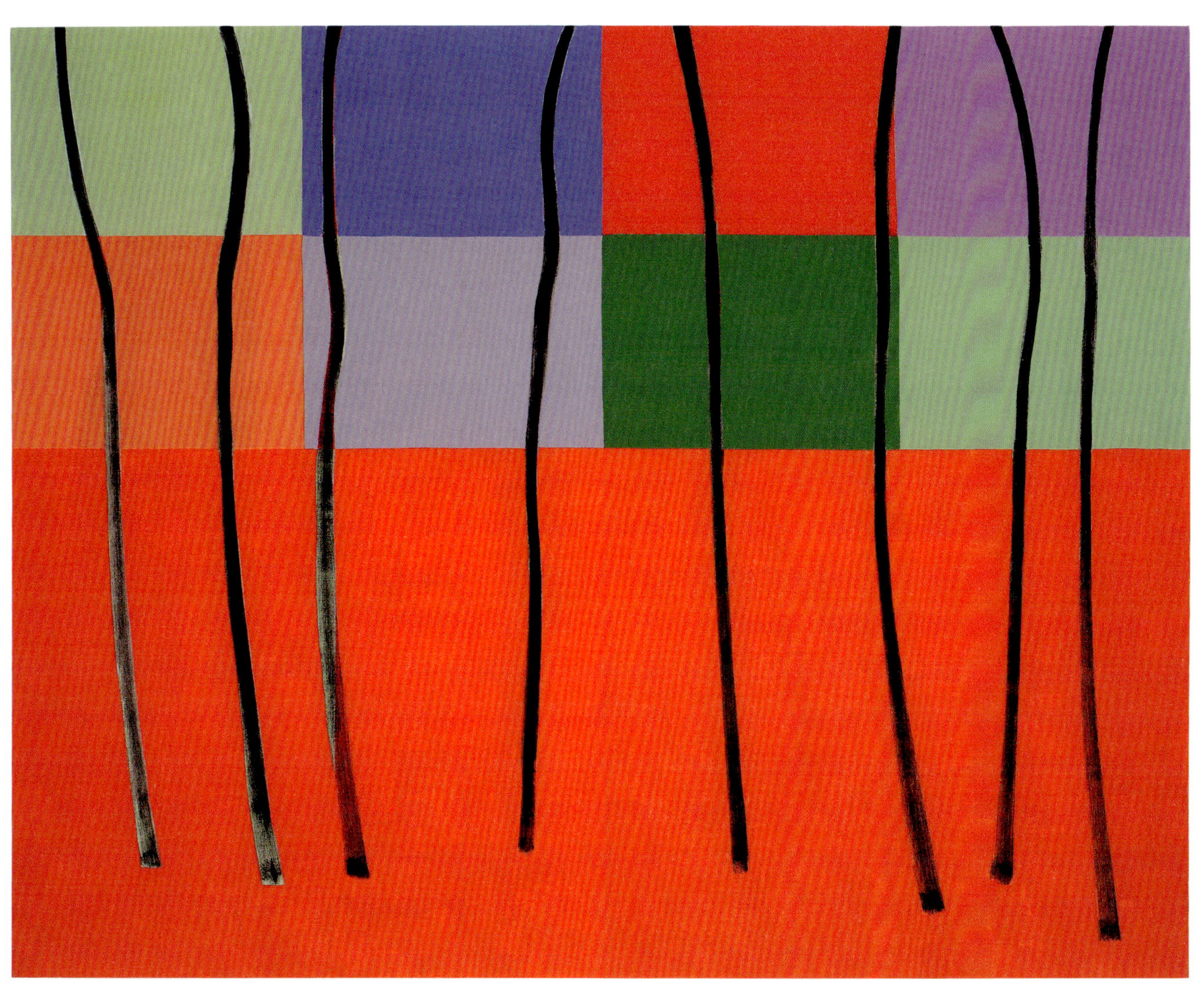

Figure and Ground 2013
Öl auf Leinwand, 86,3 × 106,7 cm / Oil on linen, 34 × 42"

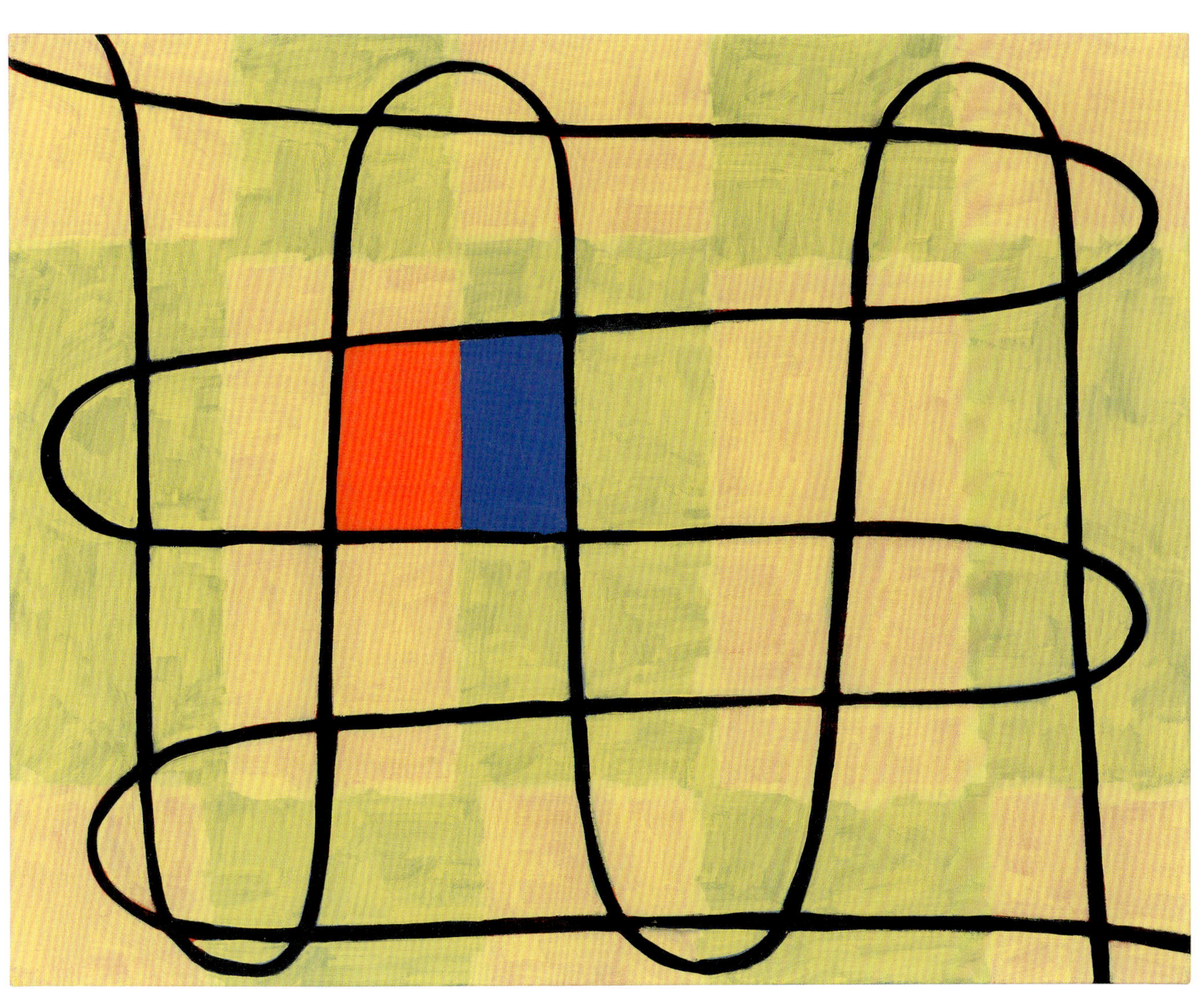

Weather 2013
Öl auf Leinwand, 86,3 × 106,7 cm / Oil on linen, 34 × 42"

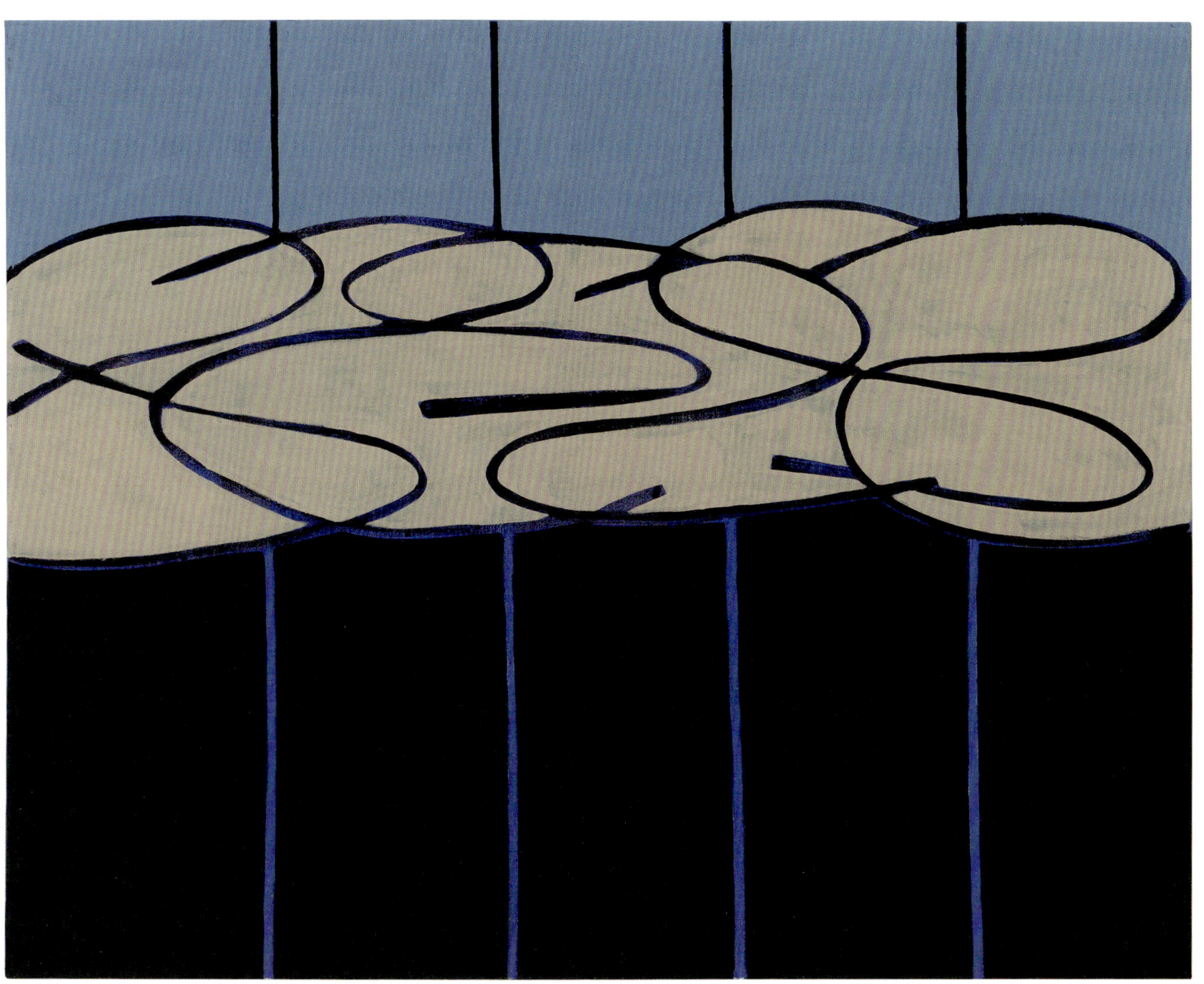

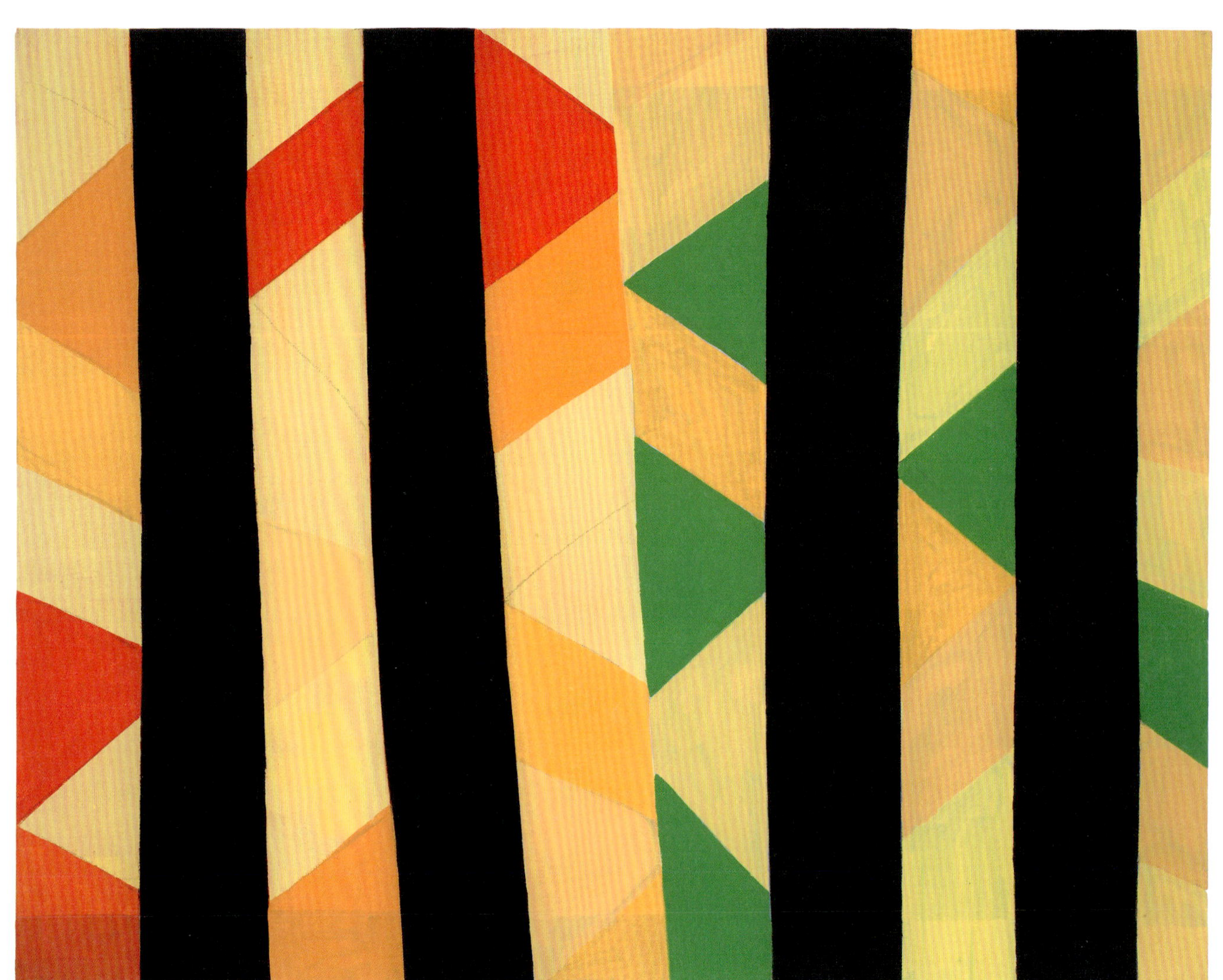

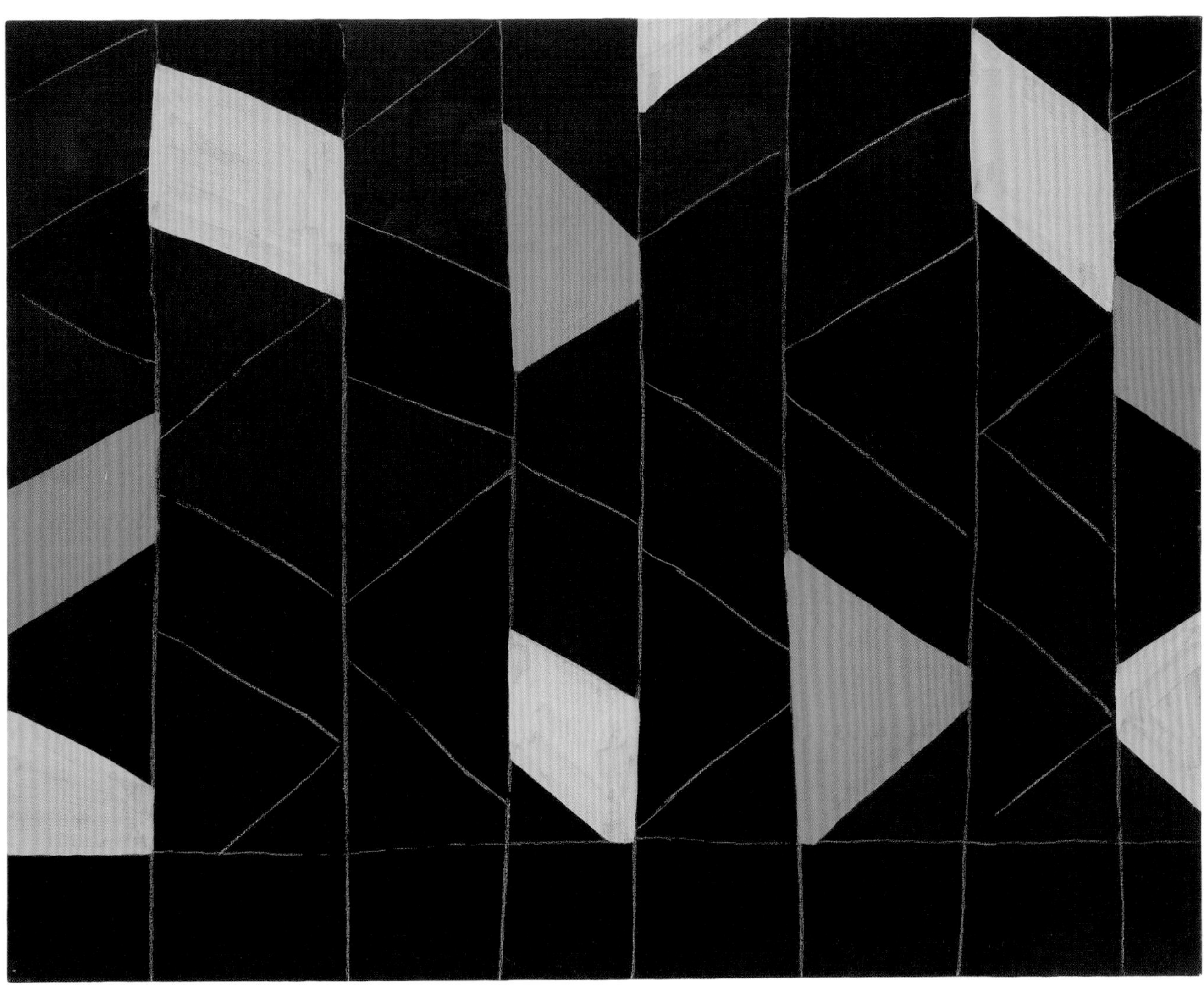

Seven Days 2011

Öl auf Leinwand, 89 × 114,3 cm / Oil on linen, 35 × 45"

< Seite 88 / page 88:

Moroccan Theme 2011

Öl auf Leinwand, 86,3 × 106,7 cm / Oil on linen, 34 × 42"

< Seite 89 / page 89:

Moroccan Theme 2011

Öl auf Leinwand, 86,3 × 106,7 cm / Oil on linen, 34 × 42"

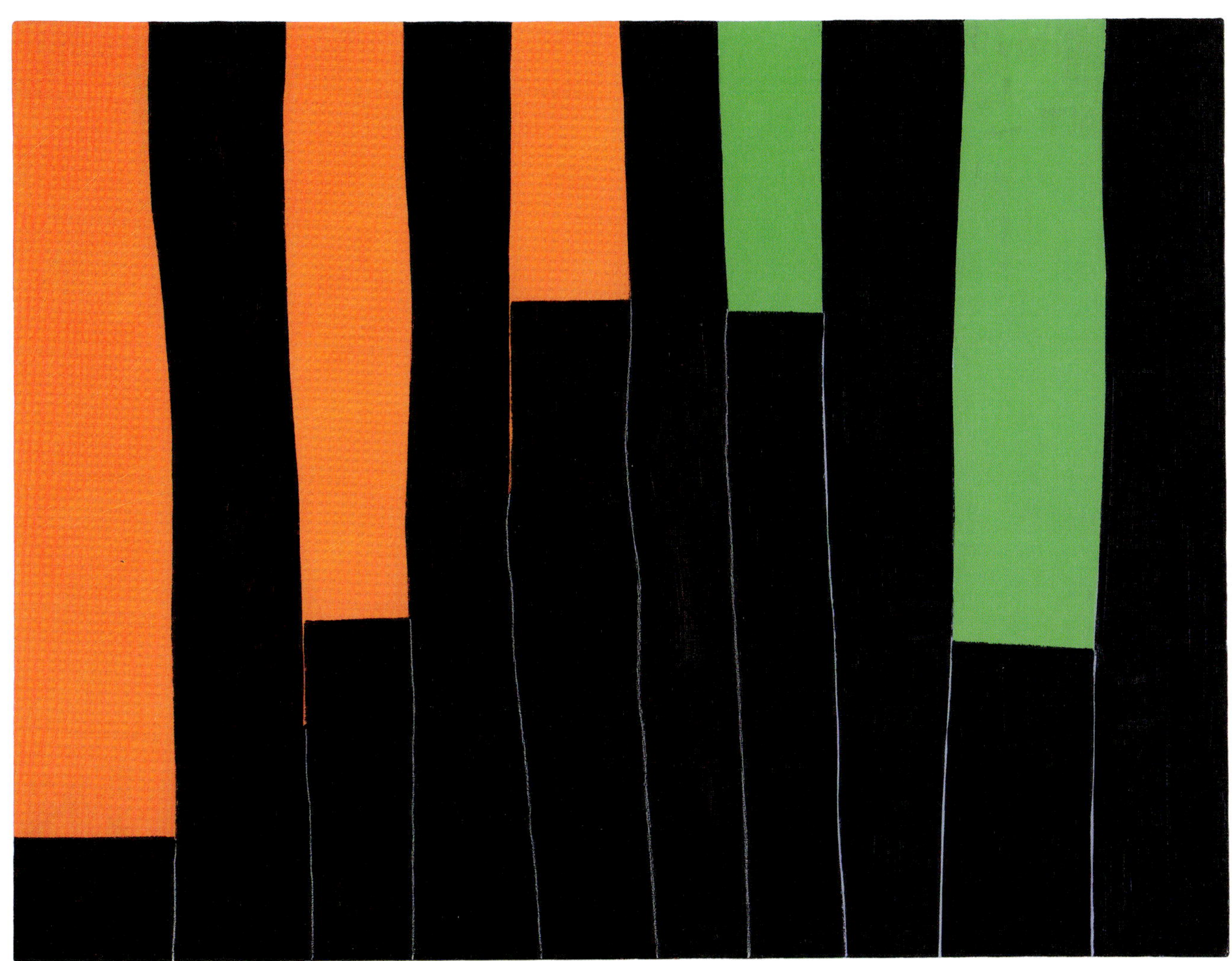

Donna Harkavy

Pauses and Oscillations

A Conversation between Donna Harkavy and Bettina Blohm

Donna Harkavy: Let's start at the beginning. Can you talk about your process—how you make a painting?
Bettina Blohm: The first thing I do in the studio is make sketches. They're very small and simple and drawn in sketchbooks with a HB pencil. That's where I develop compositional ideas for paintings. I make drawing after drawing, sketch after sketch, and when I have something that excites me, I will start a painting. Even as a painting progresses, I keep thinking it through with drawings. Often I start a whole group of paintings that deal with similar ideas. I use oil paint and work in layers, and I try to keep the surface open. Once in a while I can get there pretty quickly, but more often it takes about three months to finish a painting. I wash off areas, I overpaint them, and the surface is more interesting because it reflects that process. I like that sense of history. While a coat of paint is drying—it usually takes three days—I turn the painting against the wall. When I look at it again, I have a certain distance and that helps me determine how to go on. Every painting develops its own mood and character.

DH: Drawing is an important part of your artistic process. You've spoken about your sketches. What other kinds of drawings do you make?
BB: Some are landscape drawings. I've been drawing in nature for over 20 years. With the landscape drawings, I'm not thinking of painting, I'm just basically recording what I see. Since they are always done in a very small format, 5×7 inches, there is a direct flow

from the eye to the hand. Another series of drawings is called *Diagrams*. The *Diagrams* are always abstract. They are done in Berlin, where I live four months of the year. In them, I'm developing ideas for paintings, especially the painting space and the structure. For example, *Diagrams,* 2014 (page 102) relates to the painting *Great Escape* (page 33).

DH: In your paintings, erasure is a significant part of your process. Is that equally true of your drawings?
BB: In my landscape drawings I never use erasure. If it doesn't work, I basically throw it away. The *Diagrams* are done with charcoal over an acrylic wash. Charcoal is quite a painterly drawing medium, and I wipe it with my hand. As a result, the drawings sometimes get this very nice dark surface tone. I also use the drawn line and the half-wiped line to get different spatial degrees and a sense of distance.

DH: Comparing your drawings with your paintings, it seems that the space in the drawings is often more active.
BB: In the drawings, you only have a line and the white paper. So the paper already is the space. You don't really have to construct the space like in a painting. That's the wonderful thing about drawing, it's so close to thinking. In my case, the scale is often small and it comes out of the hand, so the thought processes go directly into the drawing.

DH: Has working in Berlin influenced your work?
BB: Yes, definitely. I established a studio in Berlin eight years ago and decided to only work on paper there. As a result, line has become more prominent in my painting. The back and forth between painting and drawing periods has clarified my work.

DH: How do you title your paintings?
BB: I like giving titles. I don't usually have a title before. At some point in the process, the painting takes over, and I just sort of follow it. Then suddenly the title may be there. It's just this flow that is absolutely wonderful. It keeps coming by itself, almost. And sometimes I don't have a title, sometimes it comes afterwards, even in conversations with somebody looking at the work. So it's different ways of getting a title. But, ideally it adds another layer to the painting.

DH: Does the title ever guide the painting?
BB: Once in a while. For example, the painting called *Memory Palace* (page 19) is based on a grid. In that painting, I had the title pretty quickly while I was painting it.

I thought of the ancient technique used to memorize, where you visualize a structure, usually an architectural structure, and put different parts of memory into those spaces.

DH: You've been using a gridded format in a number of your recent paintings. How has this development emerged?
BB: I painted landscapes between 1995 and 2008. In a landscape space, you always fall back on the horizon. Even if you don't use it, or negate it, it's always there. With these newer works, I very much wanted to incorporate the vertical and the horizontal, and the grid is a perfect combination of both. It's also an architectural space. It's very much an urban space. When I look out of my window, that's what I see. It's also nonhierarchical, so it's a perfect modernist structure, and egalitarian. And so, all these associations are in my head. I don't necessarily measure out the grids; often they're hand drawn and irregular and they tilt or bend the space. I also use them on an angle so that they're more like diamond shapes. It creates order, which is something I like. You know, out of chaos, you want to make order—that's a very basic human impulse. But then, I need to break that order and have a sense of freedom; that's where the gestural element comes in.

DH: You have frequently spoken about chaos and order in regard to your work. Can you elaborate?
BB: It's good to set some rules. They have to come out of your painting praxis; they shouldn't be superimposed, but they can help the work. One can only be free within certain limitations as freedom is pointless just by itself. So these two opposites, order and chaos, rules and freedom, need each other. And I go back and forth in my painting process—of setting up an order and then going against it, or breaking out of it and then going back to order.

DH: As you were saying, the grid provides a structure and order.
BB: Yes, exactly. The grid is also related to the format, the rectangle. The format of the painting determines the space. When I did the landscape paintings, I used an extreme horizontal format because I was always dealing with the horizon in some way or other. The rectangle is a classical painting format, and it is a nice open format for the grid. My favorite size at this point, 68 × 84 inches, has a relation to my height and the reach of my arm, and so the painting process is related to my body and the gesture.

DH: It's often been noted that an early and decisive influence on your work was Henri Matisse, both in his use of broad areas of bold, flat color and in the areas where edges of forms meet. Can you speak about that influence and also other artists who informed your work?
BB: In 1987, there was a show of Matisse at the Metropolitan Museum, works from the Hermitage. It had a huge impact on me. I was making paintings of tree trunks at the time in sort of Cubist colors, brownish, bluish. And I went home and painted this whole trunk red. Then I started doing color studies. Afterwards, I flattened out the shapes and introduced more and more color. So yes, Matisse was central. Also Milton Avery and later Arthur Dove. When I did landscapes, Avery and Dove were very important to me in terms of color and what they did with the landscape. Also Dove's emotional and, shall I say, spiritual exploration of landscape. I studied Matisse's use of borders between shapes. When you use flat color, edges are fundamental. I used to only do edges; all my lines were edges. Now, of course, I use line more independently.

DH: Are there contemporary artists whose work you admire?
BB: Thomas Nozkowski, Jonathan Lasker, and Mary Heilmann. All three insist on a personal view of the world. Even though they hide their sources, you know it's something they've seen and experienced, whatever it is. And that's something I'm interested in. For me, for many years it was the landscape, but before I also used to do architecture, even figures at some point, so I developed this vocabulary over the years that I can use, even in my current work. And that's why I continue doing landscape drawings even though I don't necessarily paint what I bring back from these drawing sessions. It keeps the contact to the world. It gives me ideas. I look at the light—there is an endless variety of shapes and moments in nature, always changing with the light. When I first had a chance to go to the Catskill Mountains, I had such an emotional response, I just had to use it.

DH: Throughout much of your career, your work oscillates between landscape and abstraction and often pauses between the two. Since 2011, pattern has become a more predominant motif. What precipitated this shift from landscape to a more abstract vocabulary?
BB: I felt a certain limitation or restriction with the landscapes in that I wanted the painting to be self-contained and not involved with information that needs to be recognized. I think I'm good at abstracting in terms of distilling the essentials, the

basic structures of whatever it is I see. But I was resisting it because I wanted to be a figurative painter, even though that doesn't really mean anything anymore. So there was this point when I let go of that space and more recognizable imagery. It was a liberation. I'm not necessarily thinking about pattern. It's sort of an additive process; I put down a shape or a gesture, and I repeat it. It ends up being some kind of patterning. There is a connection between pattern and abstraction and it's also closely related to nature, the shapes and forms you see in nature. It's also about a sense of order.

DH: Your newest paintings seem to be inspired by music. They're like a visual point and counterpoint of musical rhythms and multiple motifs responding and reacting to one another. Can you talk about your relation to music? Is this something new for you?
BB: Last summer (2015), Sabine Bergk pointed out Leonard Bernstein's Norton Lectures to me. I loved them because he drew connections between music and poetry, art, even linguistics. He held them in 1973, so it was a crucial point when Modernism had run out of steam and post-Modernism had started and there was this big question of how to go on. It made me think about music and about his ideas, and so I did a group of paintings in response to the idea of repetition in musical forms and moving those forms around. I even call one painting *The Unanswered Question,* which was the title of his lectures and also a musical piece by Charles Ives that was at the center of this whole group of lectures. Paul Klee, another artist who has influenced my work, had a deep understanding of musical structure and often reflects it in his painting space.

DH: There also seems to be a new kind of layering in these paintings. You often built up layers in the past, but kept them hidden under broad areas of flat paint. Here, the layering is much more apparent. You're breaking up the surface and revealing different levels of activity.
BB: I want to challenge myself and the viewer. In these new paintings I am introducing another layer, and by playing with scale I keep shifting the focus. Shapes get multiplied or echoed in different sizes and intensities. By opposing washes with more thickly painted areas, I can create a sense of depth but still use flat shapes. The washes are like windows into space. There is a sense of back and forth, sometimes through the overpainted areas, and sometimes through the erasures, the wiping off, and that creates a sense of depth, too. It's spatially more demanding.

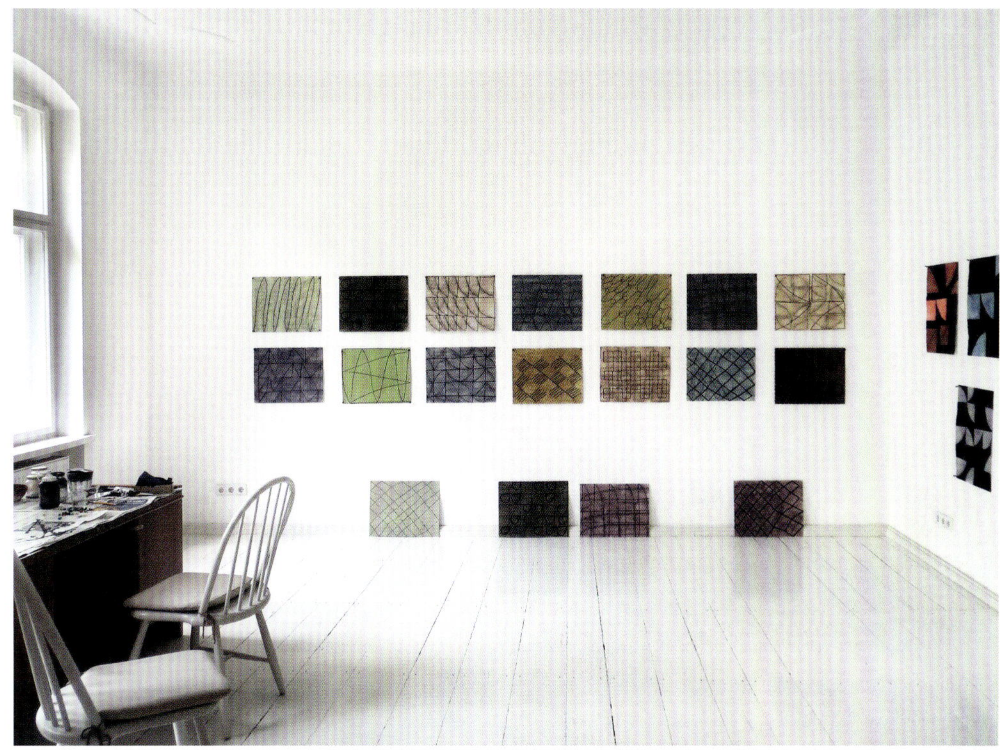

DH: This sense of having your process more exposed, do you think it has something to do with growing older, being more comfortable, and feeling that you don't have to be quite as private as you used to be?
BB: That would be a nice explanation. There may be different reasons for it. There's more painting around, so I get more input from shows, from young painters. There's sort of a casualness in painting today, not being so perfect, but showing the imperfect, the human hand. And I am more in control of my means and want to push them more.

DH: That is, in part, what your painting is about: taking a form and really pushing it to its limits. Or experimenting with one type of form, and pushing it in different ways.
BB: Yes, that's what I would hope to do. And all the relationships, all the parts should relate. That's quite important, that the painting is a whole, that there isn't a kind of background and foreground, and figure and ground, but that all the shapes relate and one thing makes up the other, like the ground makes up the figure, and the figure makes up the ground. That would be my ideal.

DH: Is there a final thought you would like to add?
BB: Each painting has a story at its core, it's not something I necessarily start with, but which I am looking for. This is the curiosity I have, what will be the story of this new painting, what will it tell me? What reality will it have? So every painting has a question and the point is not to resolve it, but to clarify the question.

Donna Harkavy is a New York-based independent curator.

This text has been excerpted from email correspondence on 18 January 2016 and a live interview on 21 January 2016 in Bettina Blohm's studio in New York.

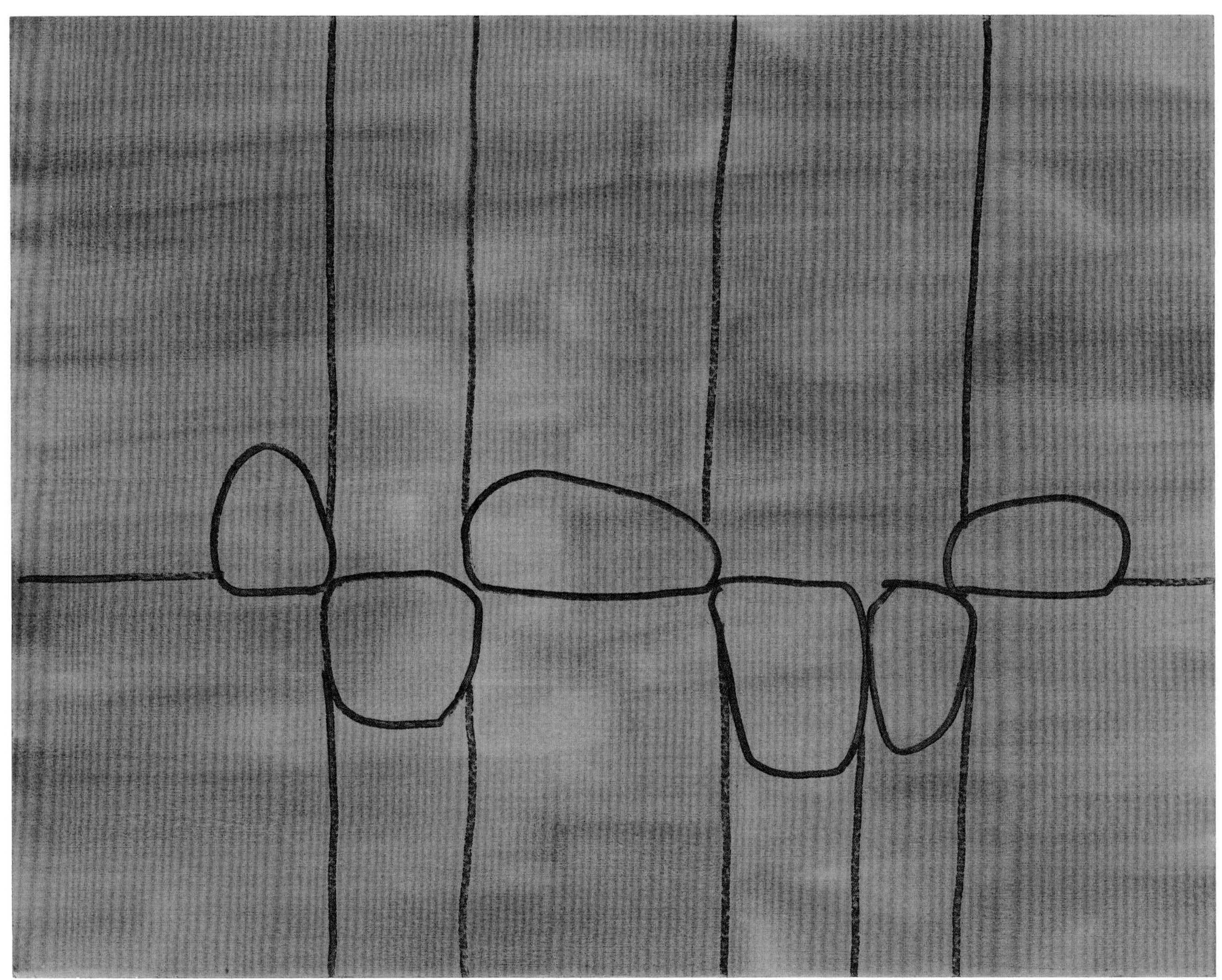

Diagrams 2013
Acrylfarbe, Tusche und Kohle auf Papier, 40 × 50 cm / Acrylic, ink and charcoal on paper, 15 ¾ × 19 ¾"

< *Seite 99 / page 99:*

Diagrams 2015
Acrylfarbe und Kohle auf Papier, 40 × 50 cm / Acrylic and charcoal on paper, 15 ¾ × 19 ¾"

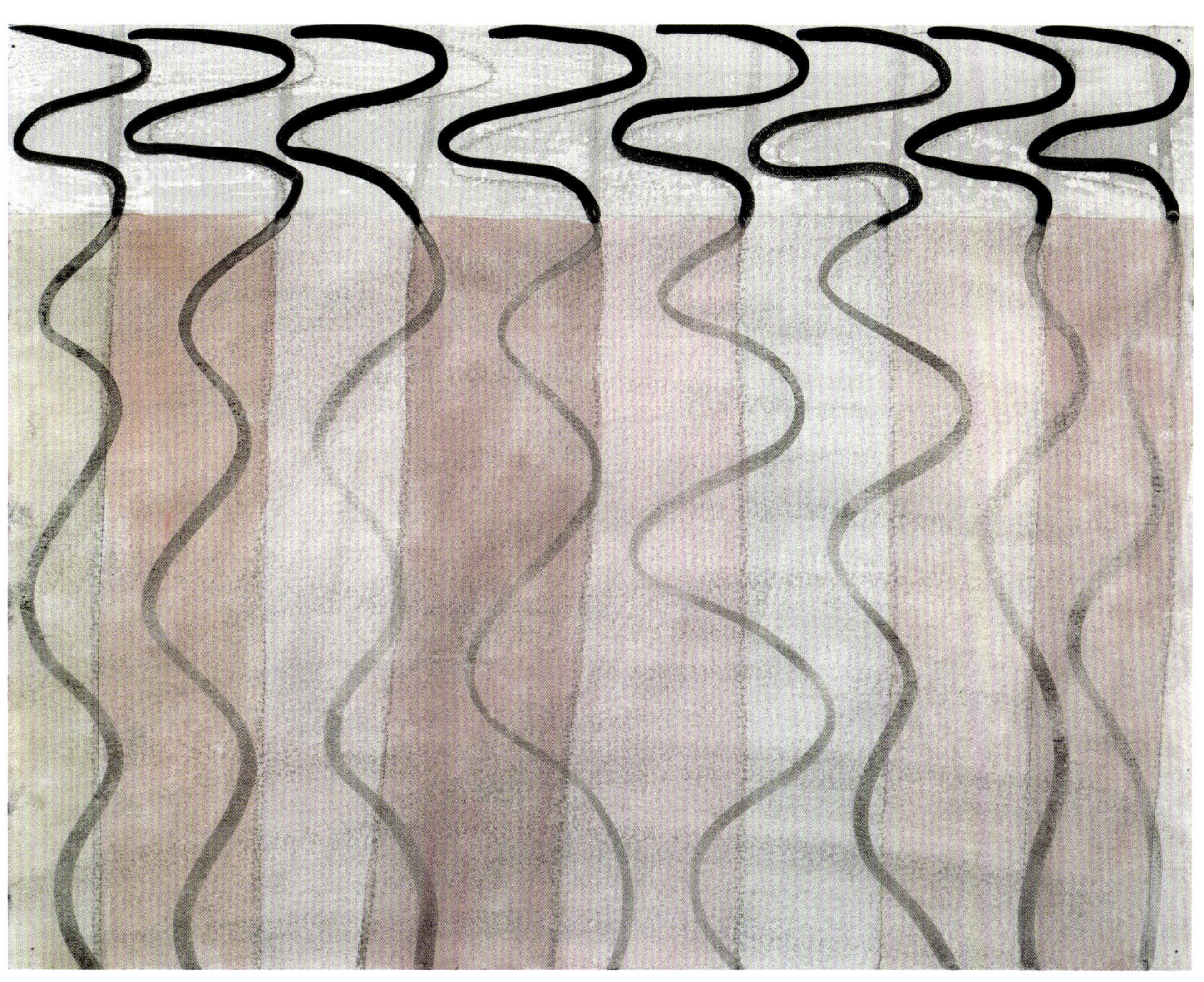

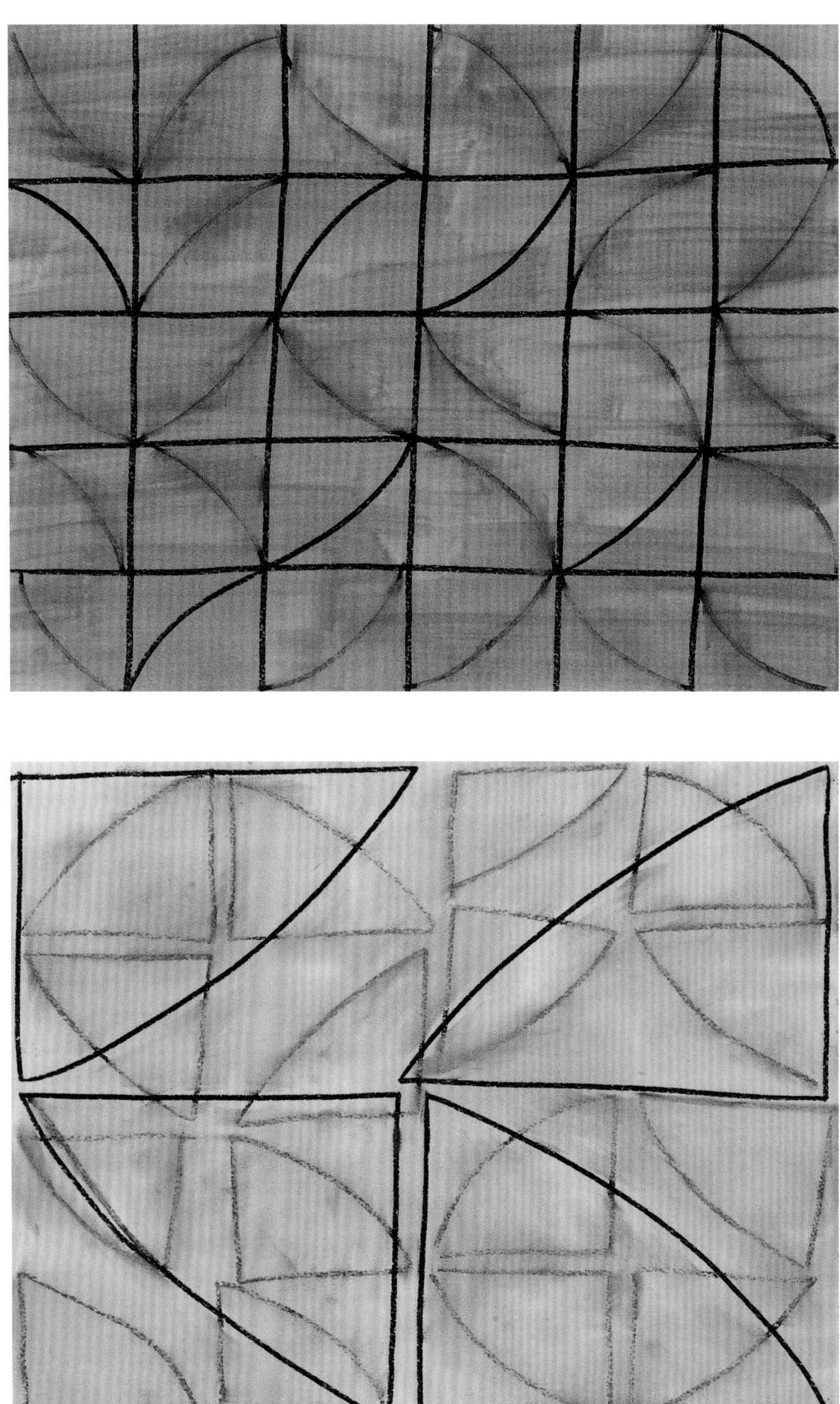

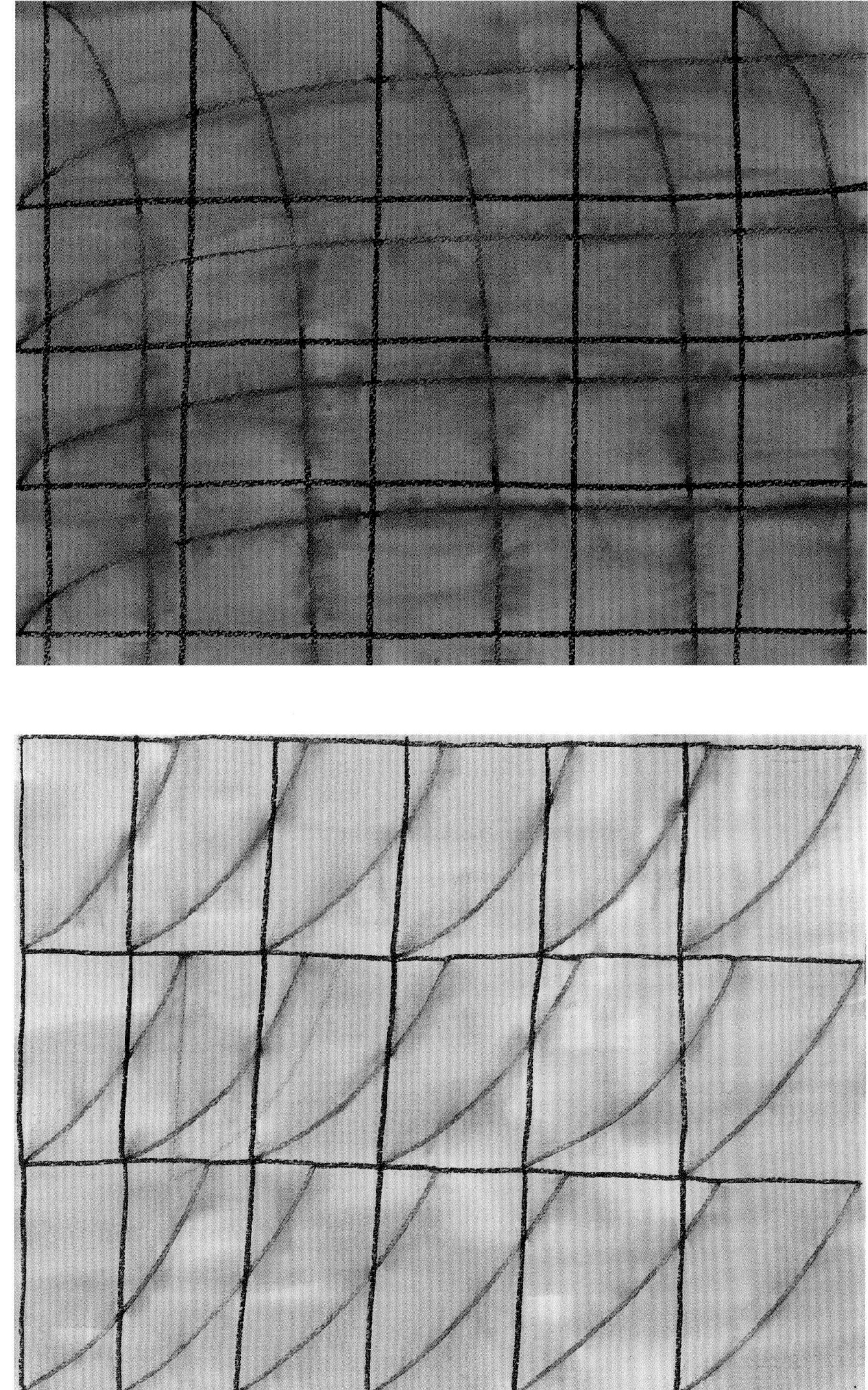

Diagrams 2013
Acrylfarbe, Tusche und Kohle auf Papier, 40 × 50 cm / Acrylic, ink and charcoal on paper, 15 ¾ × 19 ¾"
Privatsammlung / Private collection Hong Kong

< *Seite 102 / page 102:*
Diagrams 2014
Diagrams 2015
Acrylfarbe und Kohle auf Papier, je 40 × 50 cm / Acrylic and charcoal on paper, each 15 ¾ × 19 ¾"

< *Seite 103 / page 103:*
Diagrams 2013
Diagrams 2015
Acrylfarbe und Kohle auf Papier, je 40 × 50 cm / Acrylic and charcoal on paper, each 15 ¾ × 19 ¾"

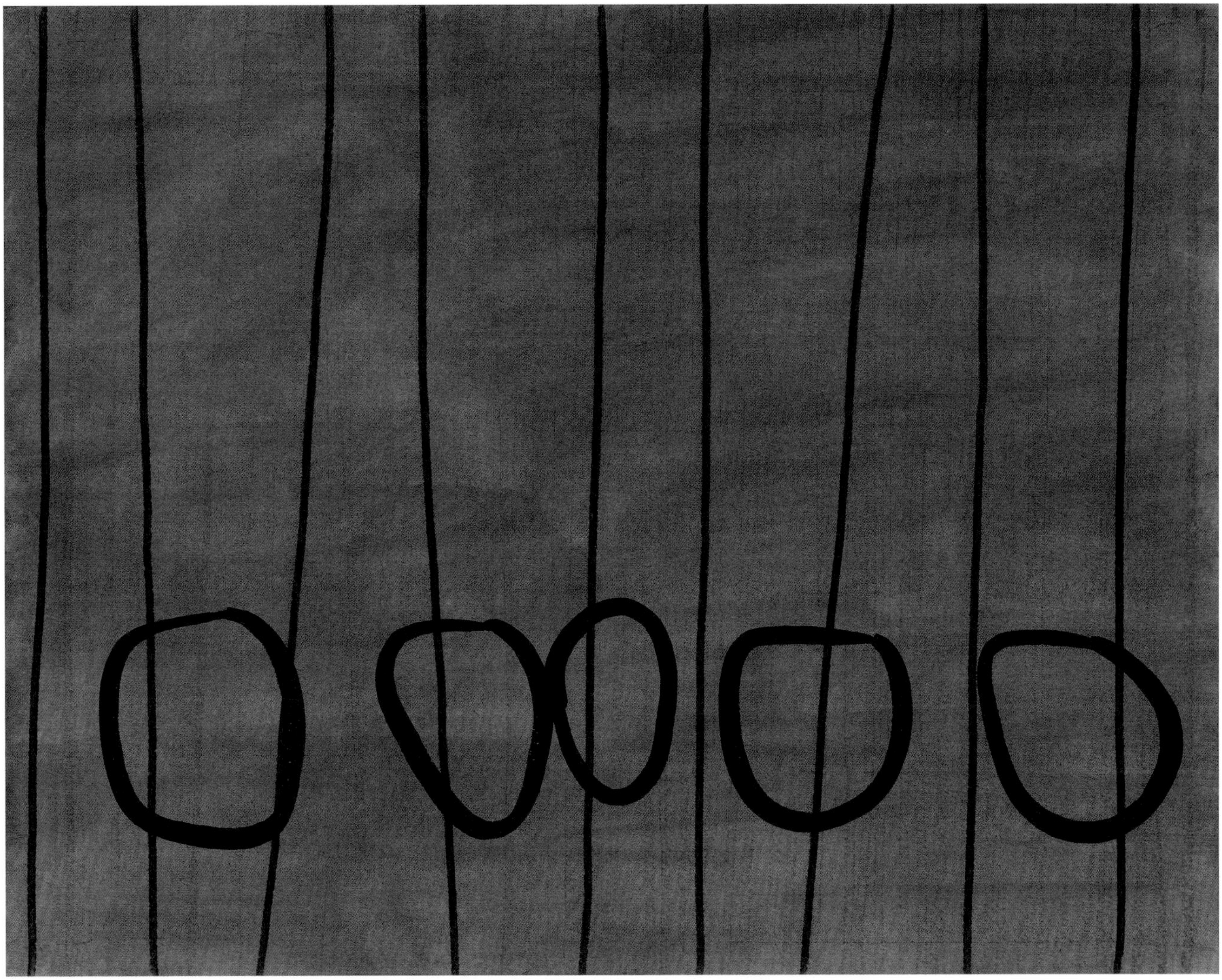

Diagrams 2014

Acrylfarbe, Tusche und Kohle auf Papier, 40 × 50 cm / Acrylic, ink and charcoal on paper, 15 ¾ × 19 ¾"

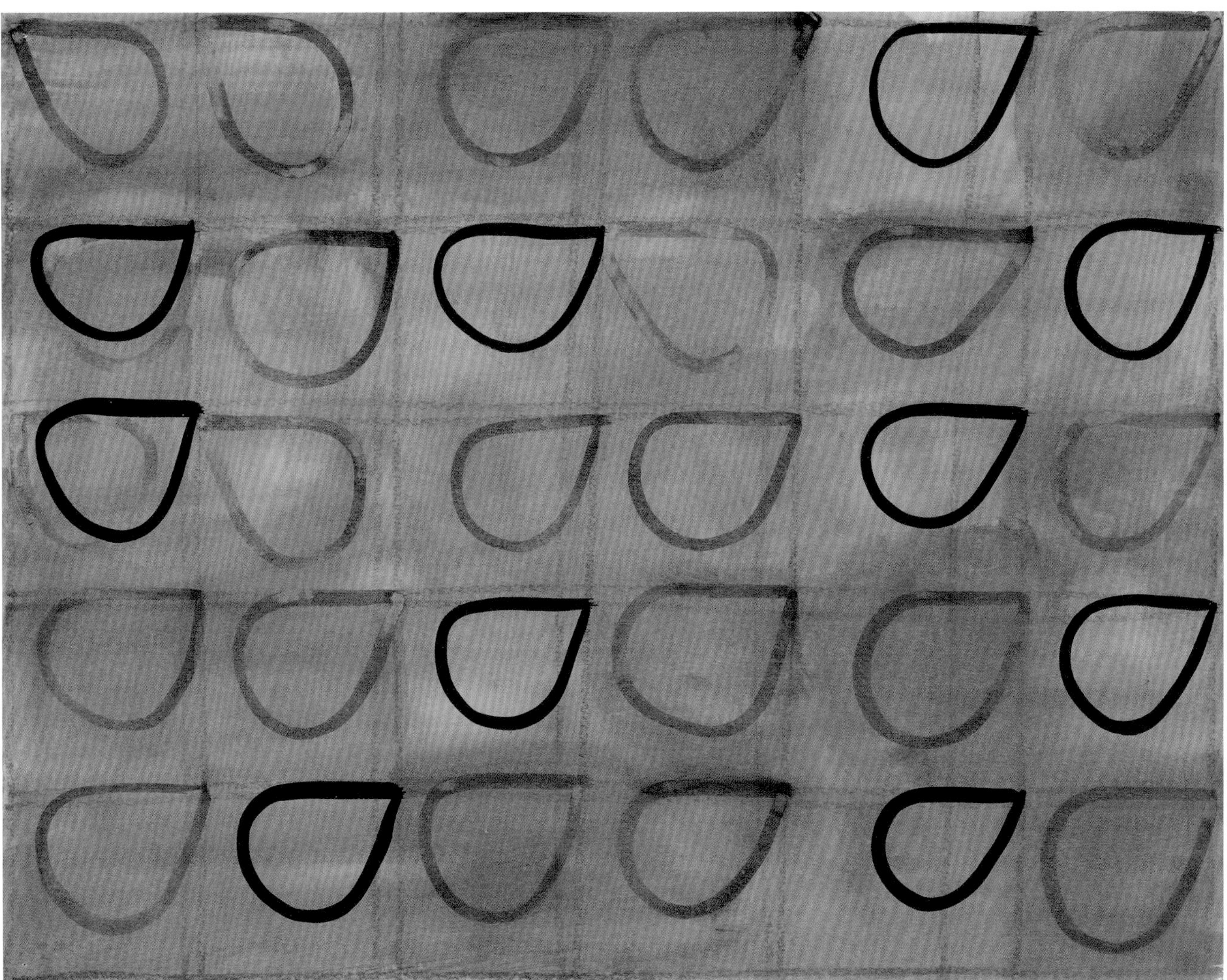

Bettina Blohm

Biografie / Biography

lebt in New York und Berlin / lives in New York and Berlin

1961	in Hamburg geboren / born in Hamburg, Germany
1980–84	Studium der Freien Malerei an der Akademie der Bildenden Künste, München / studies painting at the Academy of Fine Arts, Munich
1984	Umzug nach New York / moves to New York City
2003	US Staatsbürgerin / becomes US citizen
2004	Arbeitsstipendium / residential fellowship in Yaddo, Saratoga Springs, New York
2008	Atelier in Berlin / studio in Berlin

Einzelausstellungen (Auswahl) / selected solo exhibitions:

2017	*Memory Palace,* Galerie Werner Klein, Köln
2014	Marc Straus Gallery, New York
2013	*Zeichnungen und Bilder,* Galerie Werner Klein, Köln
2012	*Recent Works,* (mit Lisa Abbot-Canfield) Amelie A. Wallace Gallery, State University, Old Westbury, New York
	Bilder und Skulpturen, (mit Hans Michael Franke) Galerie Werner Ruhnke, Potsdam
2010	*Landschaft und Linie,* Galerie Werner Klein, Köln
2009	Galerie Werner Tammen, Berlin (mit Werner Pokorny)
	Galerie Robert Kastowsky, Wien

2008 *Dialog Eduard Micus,* Museum Micus, Ibiza
Galeria Joanna Kunstmann, Palma de Mallorca, Spain
Galerie Ursula König, Hanau

2007 *Kohle, Buntstift, Säure,* Zeichnungen und Radierungen, Museum Pfalzgalerie Kaiserslautern
Intervall und Rhythmus, (mit Susanna Niederer) Galerie Werner Ruhnke, Potsdam

2006 *Malerei 2004 bis 2006,* Galerie Renate Kammer, Hamburg

2005 *Seeing-Thinking-Drawing,* Zeichnungen und Grafik, Schleswig-Holsteinische Landesmuseen, Schloss Gottorf

2003 *Bettina Blohm und Alex Katz,* Galerie Susanne Albrecht, München

2002 *Something about Landscape,* Haus der Kultur, Waldkraiburg

2001 *Bettina Blohm – Malerei,* Museum Moritzburg, Halle und Museum Pfalzgalerie Kaiserslautern
Paintings, Robert Steele Gallery, New York

2000 *Malerei 1998–2000,* Galerie Susanne Albrecht, München

1997 *Imago,* Galerie Susanne Albrecht, München

1996 *The Road to Delhi,* HERE, New York

Gruppenausstellungen (Auswahl) / selected group exhibitions:

2016 *Band* curated by Stephanie Buhmann, Painting Center, New York
If only Bella Abzug were here, Marc Straus Gallery, New York

2015 *Parallel Lines,* Merton Simpson Gallery, New York
Ars Continuum, Amelie A.Wallace Gallery, SUNY, New York

2014 *Berlin – New York,* Galerie oqbo, Berlin
Lass Dich von der Natur anwehen. Landschaftszeichnungen der Romantik und Gegenwart, Städtische Galerie Bietigheim-Bissingen
Farbe und System, Galerie Werner Klein, Köln

2013 *Lass Dich von der Natur anwehen. Landschaftszeichnungen der Romantik und Gegenwart,* Kunsthalle Bremen
Line and Form, Marc Straus Gallery, New York

2012 *Paper Band,* Jason McCoy Gallery, New York
Bestandsprobe, Museum Pfalzgalerie Kaiserslautern

2010 *10 Jahre Galerie Werner Klein,* Köln
New Prints curated by Philip Pearlstein, International Print Center, New York

2009 *Gegenwart der Linie,* Pinakothek der Moderne, München
Das erste Jahr, Galerie Robert Kastowsky, Wien

2008	*Die Welle,* Kurpfälzisches Museum, Heidelberg
	New Prints, curated by James Siena, International Print Center, New York
	paint it blue, Werke aus der ACT art collection Siegfried Loch, Neues Museum Weserburg, Bremen
	connected, Altes Museum, Mönchengladbach
2004	*Colored Pencil,* Kerry Schuss Gallery, New York
2003	*Accrochage,* Museum Walter im Glaspalast, Augsburg
	Off the Beaten Track – Contemporary Mindscapes, Mead Art Museum, Amherst College
	Reminiscent of Nature, Farm Art Space, Missoula, Montana
2002	*Der Berg,* Heidelberger Kunstverein
	Made in Tribeca, mit Melissa Meyer und Jerry Zeniuk, Galerie Susanne Albrecht, München
	Quadrate, Galerie Susanne Albrecht, München
2001	*Landschaften eines Jahrhunderts,* Städtische Galerie Aschaffenburg
2000	Robert Steele Gallery, New York
1999	*Serialität: Reihen und Netze,* Städtische Galerie Bremen
1998	*Neuerwerbungen,* Museum Pfalzgalerie Kaiserslautern
	Gallery Group, Edward Thorp Gallery, New York
1997	*Gallery Artists,* Edward Thorp Gallery, New York
	Some Artists we like, Robert Steele Gallery, New York
1995	*Mixed Media Show,* State University of Arizona, Tempe
1993	*Landschaften, Reisebilder,* Galerie Susanne Albrecht, München
1992	Michael Walls Gallery, New York
1990	*Blau, Farbe der Ferne,* Heidelberger Kunstverein
1990	Michael Walls Gallery, New York

Öffentliche Sammlungen (Auswahl) / selected public collections:

Städel Museum, Frankfurt
Graphische Sammlung, Pinakothek der Moderne, München
Schleswig-Holsteinische Landesmuseen, Schloss Gottorf
Museum Pfalzgalerie Kaiserslautern
Busch-Reisinger Museum, Harvard (Sammlung Wynn Kramarsky)
Staatliche Galerie Moritzburg, Halle
Haus der Kultur, Waldkraiburg
Berlinische Galerie, Berlin
Kunsthalle Bremen

Bibliography (Auswahl) / selected bibliography:

Buhlmann, Britta E.: *Orte der Stille, Gezeichnete Landschaften von Bettina Blohm,* Kat. Ausst. / Exh. cat. *no ugly mathematics,* Museum Pfalzgalerie Kaiserslautern 2007

Buhlmann, Britta E.: *Farbe Struktur Weite,* Kat. Ausst. / Exh. cat. Museum Pfalzgalerie Kaiserslautern 2001

Büche, Wolfgang: *Von der Elbe in die Catskills,* Kat. Ausst. / Exh. cat. Moritzburg Halle 2001

Clark, Trinkett: *Off the Beaten Track – Contemporary Mindscapes,* Kat. Ausst. / Exh. cat. Mead Museum, Amherst 2003

Cohen, David: *Artcritical Pick,* (Sep) 2015

Cohen David: *The Dualist,* Kat. Ausst. / Exh. cat. Schloss Gottorf 2005

Gädeke, Thomas: *Verwandlung und Balance,* Kat. Ausst. / Exh. cat. Schloss Gottorf 2005

Goodman, Jonathan: *Bettina Blohm,* The Brooklyn Rail (Dez / Dec) 2015

Goodman, Jonathan: *Making new sense of Abstraction: Lisa Abbott-Canfield and Bettina Blohm,* artcritical, (Feb) 2012

Goodman, Jonathan: *A Brave New World,* Kat. Ausst. / Exh. cat. *Topography* 2009

Hanten, Sasa: *Dank und Kohle,* Kat. Ausst. / Exh. cat. *no ugly mathematics,* Museum Pfalzgalerie Kaiserslautern 2007

Heidelbach, Ulrike: *Landscape-Image-Surfaces,* Kat. Ausst. / Exh. cat. HERE-art, New York 1996

Höfchen, Heinz: *Bettina Blohms Radierungen,* Kat. Ausst. / Exh. cat. *no ugly mathematics,* Museum Pfalzgalerie Kaiserslautern 2007

Lütgens, Annelie: *Aktives Sehen. Zu den Zeichnungen von Bettina Blohm,* Kat. Ausst. / Exh. cat. Kunsthalle Bremen 2013

Mahoney, Rosemary: *Blohm in America,* Kat. Ausst. / Exh. cat. *no ugly mathematics,* Museum Pfalzgalerie Kaiserslautern 2007

Opel, Angela M.: *Bettina Blohm – Landschaften,* Kat. Ausst. / Exh. cat. Haus der Kultur, Waldkraiburg 2002

Rhodes, David: *Diagrams intuited: Bettina Blohm at Marc Straus,* artcritical (Nov) 2014

Thodos, Diane: *Screen of Emotion, Landscape of the Mind,* in conversation with Bettina Blohm, artcritical (Juli / July) 2004

Galerie Werner Klein
Volksgartenstr. 10
50677 Köln
www.galeriewernerklein.de

Übersetzungen / Translations:
Marion Kagerer, englisch–deutsch (Wei, Harkavy),
Sophie Schlöndorff, deutsch–englisch (Bergk)

Fotografie / Photography:
Cathy Carver (Werke / works, S. / p. 75),
Matthias Baus (S. / p. 2), Bettina Blohm (S. / p. 4, 97)
S. / p. 4, 75: Atelier New York; S. / p. 97: Atelier Berlin

Gestaltung und Lithographie / Design and lithography:
Marco Lietz

Projektleitung Verlag / Project management publisher
Jana Ronzhes

Schrift / Font:
Caslon, Ideal Sans

Papier / Paper:
LuxoArt Samt New, 170 g/m²

Umschlag / Cover:
Memory Palace, 2014, Öl auf Leinwand, 172,7 × 213,4 cm / Oil on linen, 68 × 84"

Erschienen im / Published by Wienand Verlag, Köln / Cologne
www.wienand-verlag.de
ISBN 978-3-86832-326-9

Die Deutsche Nationalbibliothek verzeichnet diese Publikation in der Deutschen Nationalbibliografie; detaillierte bibliografische Daten sind im Internet über http://dnb.dnb.de abrufbar.

The Deutsche Nationalbibliothek lists this publication in the Deutsche Nationalbibliografie; detailed bibliographic data are available on the Internet at http://dnb.dnb.de.